Catalogage avant publication de Bibliothèque et Archives nationales du Québec et
Bibliothèque et Archives Canada

Pilote, Marcia, 1967-

La vie comme je l'aime

Sommaire: [7] La septième saison.

ISBN 978-2-89662-486-7 (v. 7)

1. Pilote, Marcia, 1967- . 2. Romanciers québécois - 20ᵉ siècle - Biographies.
I. Titre. II. Titre: La septième saison.

PS8581.I424Z46 2009   C843'.54   C2009-941127-X
PS9581.I424Z46 2009

Édition
Les Éditions de Mortagne
C.P. 116
Boucherville (Québec) J4B 5E6
Tél.: 450 641-2387
Téléc.: 450 655-6092
Courriel: info@editionsdemortagne.com

Photo en couverture
© Martine Doucet

Illustrations en couverture
© iStockphoto: Ming Lok Fung

Dépôt légal
Bibliothèque et Archives Canada
Bibliothèque et Archives nationales du Québec
Bibliothèque Nationale de France
4ᵉ trimestre 2015

ISBN 978-2-89662-486-7
ISBN (epub) 978-2-89662-487-4
ISBN (epdf) 978-2-89662-488-1

1 2 3 4 5 – 15 – 19 18 17 16 15

Imprimé au Canada

Gouvernement du Québec — Programme de crédit d'impôt pour l'édition de livres —
Gestion SODEC.

Financé par le gouvernement du Canada |

Membre de l'Association nationale des éditeurs de livres (ANEL)

Marcia Pilote

La vie comme je l'aime

La septième saison

ÉDITIONS DE MORTAGNE

Sommaire

Introduction

Il y a toujours eu beaucoup de femmes dans ma vie : ma mère, mes trois sœurs, mes tantes, mes amies, mes filles, mes nièces... Je suis donc très « connaissante » à propos des femmes. Mais ça, c'était avant VOUS, mes chères lectrices.

Il y a six ans, vous êtes entrées dans ma vie et je suis maintenant très « reconnaissante » envers les femmes. Je vous suis reconnaissante de donner un sens à ma vie et de me permettre d'être la femme que je suis, un peu plus chaque jour. Depuis que j'écris pour vous, il ne se passe pas une journée sans que je me dise « il faut absolument que je leur raconte ça ! » ou « j'ai tellement hâte de partager cette réflexion avec mes lectrices », ou encore « elles vont être fières de moi si je fais ça ».

Je ne vous ai pas comptées, mais je sais que vous êtes nombreuses. Je ne vous ai pas toutes rencontrées en personne, mais je vous connais. Je n'ai pas parlé à chacune, mais vous m'avez entendue. Je ne vous ai pas toutes serrées dans mes bras, pourtant je vous ai étreintes. J'ai parfois eu besoin de votre force lorsque je me sentais vulnérable.

Je ne vous ai pas toutes connues, mais je vous ai *reconnues*. Je ne vous ai jamais cherchées, mais je vous ai trouvées. Vous êtes ma plus belle trouvaille à vie !

Je crois qu'il y a «une seule et unique vous», et ce, bien que vous soyez des milliers. Quand je vous rencontre, quand je vous parle, quand je vous écris, je vois toujours la même femme: une splendide femme lumineuse, une femme qui rit, qui vit, qui pleure, qui avance, qui veut, qui doute, qui sait, qui se questionne, qui affirme et qui aime. Une femme au grand cœur qui ne trouve pas la vie toujours facile, qui doute parfois du chemin à prendre, mais qui avance un peu plus tous les jours, malgré les épreuves, le brouillard et les obstacles.

Une femme qui a toujours, au fond des yeux, cette petite flamme qui, lorsqu'elle touche celle des autres, crée un immense feu de joie qui peut réchauffer et éclairer à des kilomètres à la ronde.

Je l'ai, moi aussi, cette petite flamme au fond des yeux, au fond du cœur, au fond de l'âme. Depuis que je vous connais, elle me semble encore plus lumineuse, parce que vous m'aidez à vivre plus intensément. Et j'ai la certitude que, tant que vous serez là (aussi bien dire très longtemps, car je compte vivre jusqu'à plus de cent ans!), elle restera très haute, ma flamme.

Vous tenez le tome 7 entre vos mains. J'aime ce chiffre. C'est un chiffre chanceux, à ce qu'on dit. Je peux affirmer que cette année a été pour moi l'une des plus belles. Pas en ce qui concerne la chance, parce que je ne crois pas à la chance, mais en ce qui concerne l'état, le bien-être ressenti au fil des mois. Avec la venue de mon petit-fils, une étape importante de ma vie a été franchie. Eh oui, je suis devenue mère-grand! Avec ce cadeau immense m'a aussi été donnée une permission: celle de pouvoir être encore plus celle que je suis, de vivre à cent pour cent ma vie, comme je l'aime. Même si c'était déjà ce que je faisais avant, je peux vous dire que je sais encore plus comment y arriver maintenant. J'ai envie de partager avec vous ce que je sais, mais aussi ce que je ne sais pas, afin que les femmes que nous sommes puissent goûter tous les jours à un morceau de cette belle grande vie qui est nôtre, afin que nous la savourions à l'unisson.

Je vous aime sincèrement.

Marcia xxx

Ouvrir un livre,
ouvrir la vie

Imaginez un instant que vous ayez une passion pour les souliers, les bijoux ou les voitures et que vous puissiez en essayer, en porter ou en conduire une cinquantaine chaque mois... Ce serait l'euphorie, non? Dans mon cas, ce sont les livres qui me procurent ce sentiment et vous commencez à le savoir, car j'en parle dès que j'en ai l'occasion. Je me suis d'ailleurs fait la promesse d'écrire toujours au moins une chronique dans chaque nouvelle saison de *La vie comme je l'aime* pour partager ma passion de la lecture et, surtout, pour allumer en vous l'étincelle qui créera une dépendance que vous apprécierez. Pour une fois dans notre vie qu'on peut «prendre des livres» sans se sentir coupables! En plus, c'est bon pour la santé!

Ce qui est formidable avec les livres, c'est qu'ils entraînent une SAINE dépendance. Et ils ne coûtent rien si on les emprunte à la bibliothèque! Ils sentent bon, ils sont toujours là pour nous, il en existe des centaines de millions, alors on ne pourra jamais être à court. Le plus beau, c'est qu'on ne leur doit rien, aux livres. On peut passer dix minutes ou quatre heures avec eux, c'est nous qui décidons, et ils ne nous reprocheront pas de les avoir laissés de côté plusieurs jours ou plusieurs mois. On peut en profiter dans le bain, le train, le lit et même sous l'eau, si ça nous dit! (Oui, c'est possible!

J'ai téléchargé des livres audio sur mon lecteur MP3 étanche et je les écoute parfois en faisant mes longueurs à la piscine.) On peut les offrir en cadeau, les lancer à bout de bras, les parcourir autant de fois qu'on le veut, en lire des bouts à voix haute à ceux qu'on aime. On peut transcrire une phrase qui nous aide à traverser une situation difficile ou fermer les yeux au beau milieu d'une page pour aller rejoindre un des personnages dans son pays. On peut rire à voix haute d'une réplique ou d'une description. On peut avoir un coup de foudre amoureux ou amical pour un personnage, on peut se fâcher et l'engueuler s'il n'agit pas comme on le souhaite. Mais, par-dessus tout, avec un livre, on peut apprendre la vie.

Ouvrir un livre, ouvrir la vie. Pour saisir la vie, la comprendre, l'aimer davantage, la vivre encore plus intensément parce qu'on a eu la chance de voyager au fil des pages. Se sentir la bienvenue dans une maison qui n'est pas la nôtre, dans le cœur d'une personne qu'on apprend à connaître intimement même si elle est loin de nous. Découvrir le passé, l'enfance, les blessures, les réalisations d'un personnage.

Plusieurs fois par année, lorsque je reviens à la maison avec mes dizaines de livres empruntés à la bibliothèque, un de mes plus grands bonheurs est de les placer un peu partout dans ma maison. Près de mon bain, à côté de mon lit, sur mon piano... Je veux vivre entourée de livres, en me levant, en mangeant, en écrivant et en me couchant. Certaines personnes aiment avoir des fleurs fraîches dans plusieurs pièces de la maison, parce que les voir et sentir leur agréable odeur leur procure une grande joie. Pour moi, les livres jouent ce rôle. Chaque couverture est une œuvre d'art chargée de sens. Que ce soit une photographie ou une illustration qui y figure, il y a un ou plusieurs artistes qui ont contribué à la créer. Si je pouvais les faire encadrer, mes murs seraient remplis.

J'expose donc mes livres dans ma maison, à des endroits stratégiques, pour toute la durée de mon emprunt. Chaque fois que mon regard se pose sur l'un d'eux, sans même l'ouvrir je plonge dans les mots, je me cale entre les phrases et je prends un bain poétique, littéraire, émotif.

Dans la cinquième saison de *La vie comme je l'aime*, je vous proposais de m'écrire si vous souhaitiez recevoir la liste des cent œuvres qui ont marqué ma vie. Je n'ai pas réussi à la terminer avant la parution de mon livre, car elle n'était pas encore à mon goût, alors vous me l'avez demandée pendant quelques mois sans que je puisse vous l'offrir. Toutefois, aussitôt qu'elle a été terminée, je vous l'ai fait savoir sur Facebook et près de mille femmes m'ont demandé de la leur envoyer par courriel. Quand je veux faire plaisir à mes lectrices lors d'occasions spéciales (Noël ou la fête des Mères), je réitère mon invitation.

Voici la petite note que je veille à mettre dans le courriel envoyé à chacune d'elles.

Salut!

Depuis des années, je consacre presque toutes mes heures de loisir à la lecture et à la recherche de nouveaux livres à lire. Je passe beaucoup de temps dans les bibliothèques. Je suis même abonnée à trois bibliothèques et, tous les mois, plus de cinquante livres passent entre mes mains. Je ne les lis pas tous, mais je prends le temps d'en lire au moins dix pages. Si après ces dix pages je ne suis pas « accrochée », je passe au suivant. De cette façon, je découvre des auteur(e)s que je n'aurais jamais connu(e)s autrement.

En vous offrant cette liste, je vous offre aussi le fruit de mes nombreuses heures de recherches de perles rares. Je suis d'avis qu'il ne faut pas toujours lire les mêmes auteur(e)s et qu'il faut s'ouvrir sur le monde, être curieuse... je l'ai été pour vous !

En pièce jointe, vous trouverez la liste de mes cent meilleurs livres, enfin terminée. Vous vous doutez bien que j'ai lu plus de cent livres dans ma vie, alors la sélection a été très difficile.

J'ai décidé d'éliminer volontairement de la liste :

- les pièces de théâtre ;

- les livres de poésie ;

- les correspondances ;

- les essais ;

- les livres de philosophie ;

- les livres de psychologie populaire ou de développement personnel ;

- les classiques que j'ai lus dans le cadre de mes études en lettres au cégep (ils ont déjà été abondamment lus et analysés).

Je n'ai gardé que les romans et ai retenu uniquement ceux dont je me souvenais d'un personnage, d'une scène ou d'une émotion, deux ans après les avoir lus. Je sais que j'en ai oublié plusieurs, car je ne me rappelle pas tous les titres, malheureusement... J'ai lu ces livres à différentes époques de ma vie : à l'adolescence, dans la vingtaine, la trentaine et la quarantaine. Vous remarquerez que les auteurs sont originaires de différents pays du monde. Le dénominateur commun de tous ces livres, c'est la psychologie qu'on trouve en toile de fond.

Je vous invite à entrer dans la tête des personnages pour avoir accès à ce qu'ils vivent, ce qu'ils ressentent, comment ils se tirent des différentes situations. Moi, ça m'aide à vivre. Quelle chance et quel bonheur que les livres existent! Merci d'aimer les livres tout comme moi.

Vous pouvez me réécrire pour me dire ceux que vous avez aimés, ceux que vous avez moins aimés... ça me ferait plaisir de partager ça avec vous!

Marcia xx

Vous avez été nombreuses à me remercier et à m'écrire pour me donner vos impressions sur certains des livres suggérés. Ce qui m'a fait le plus plaisir, c'est de recevoir un courriel d'une femme qui est une lectrice boulimique, mais qui ne connaissait que dix des cent titres de ma liste. Si vous saviez le temps que je passe à assouvir cette passion! À chercher, trouver, découvrir, emprunter et lire des dizaines de livres par année, écrits par des auteurs de tous les pays. Je m'intéresse à tous les genres, de la poésie aux récits, en passant par les romans graphiques et les bandes dessinées, que j'ai découverts il y a peu. Je n'en avais jamais lu de ma vie, à l'exception de la série *Paul* de Michel Rabagliati. Moi, *Les Schtroumpfs*, *Tintin* ou *Astérix*, ça ne me branchait absolument pas. Écrits par des gars, pour des gars. Puis, j'ai fait des recherches pour trouver des bandes dessinées et des romans graphiques qui allaient me plaire, écrits par des femmes et dépeignant la réalité des femmes. «Quand on cherche, on trouve», dit-on... Eh bien, j'ai trouvé LA manne! (Je vais faire un *top* cinquante de mes préférés. Si vous voulez cette liste, faites-le-moi savoir!)

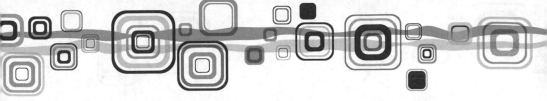

Lire sera toujours une quête, une passion, une drogue pour moi. Il y en a qui *sniffent* des lignes de cocaïne; moi, je *sniffe* des lignes de mots! Mais ma drogue est saine, magique, joyeuse, parfaite, gratuite, accessible à l'infini...

Tant qu'il y aura des livres, tant qu'il y aura de la vie, il y aura une femme comblée.

La fille des vues

« Il faut le CROIRE pour le VOIR. »
Wayne Dyer[1]

Si on me demandait de résumer en une phrase ma philosophie de vie, c'est certain qu'on y retrouverait le verbe VOIR. Plus j'avance en âge, plus je peux confirmer que la plupart de mes choix de vie ont été guidés par la vision que j'avais de la situation. Autrement dit, plus je prends de l'expérience, plus je constate que, dans la vie, c'est assez simple : soit on se voit dans une situation, soit on ne se voit pas.

Chaque fois qu'on se projette dans l'avenir pour mesurer quelle serait la meilleure décision à prendre, notre principale alliée est notre vision. Surtout lorsqu'on est troublée, perdue, déstabilisée ou en période de réflexion. Je ne vous parle pas ici de myopie, d'astigmatisme ou de presbytie, mais bien de nos projections dans l'avenir. On dira ou on entendra souvent :

- Je me <u>verrais</u> bien habiter la campagne...

- Je ne me <u>vois</u> pas vivre ma retraite de cette façon-là...

---

1.   Deux mois après avoir écrit ce texte, j'ai eu beaucoup de peine en apprenant le décès de Wayne Dyer, le 29 août 2015.

- Je me <u>vois</u> travailler très longtemps pour cette entreprise...

- Je ne me <u>vois</u> pas avec un homme qui ne respecte pas mon besoin de liberté...

- Je me <u>verrais</u> faire le tour du monde avec mon sac à dos...

- Quand je me suis <u>vue</u>, coincée dans ce chalet pour tout le week-end, j'ai décidé de partir...

- À ce moment-là, j'ai <u>vu</u> la lumière au bout du tunnel...

- Même quand on veut aider une amie à « voir plus clair » dans une situation, on lui demande si elle se voit dans ce contexte, on l'aide à se projeter dans l'avenir.

- Maryse, te vois-tu encore avec Luc dans dix ans?

- Sandra, te vois-tu isolée en pleine campagne quand tes enfants seront ados?

- Martine, te vois-tu gravir les échelons dans cette entreprise?

J'ai donc conclu ceci : dans la vie, quand on a une décision à prendre, une orientation à donner, un choix à faire, on devrait toujours se poser cette simple question : « Est-ce que je me vois (écrire ici la situation qui vous fait hésiter) ou est-ce que je ne me vois pas? »

Si la réponse est non, je ne vous dis pas de ne pas le faire, mais, plus tard, rappelez-vous qu'au départ vous ne vous voyiez pas du tout dans cette situation.

« Alors pourquoi, même si on ne se voit pas dans telle ou telle situation, on n'écoute pas notre intuition? » me demanderez-vous. Parce qu'on écoute ce que les autres voient pour nous. Mais cela correspond à *leurs* besoins, à *leurs* désirs, rarement aux nôtres. Un autre frein majeur aux visions des femmes, c'est cette volonté de faire l'unanimité et de faire plaisir aux autres avant soi.

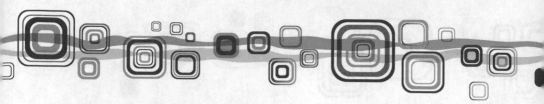

Situation n° 1 : votre *chum* vous voit avoir un emploi stable alors que vous rêvez d'être à votre compte et de lancer votre entreprise de traiteur. Votre conjoint ne se voit pas avec une femme entrepreneure, parce que cela l'insécuriserait beaucoup. Il préfère alors vous imposer sa vision de carrière, sa stabilité à lui.

Situation n° 2 : vos enfants vous voient dans votre rôle de mère, alors, dès que vous essayez de mettre sur pied un projet personnel, ils vous découragent. Ils ne sont pas à l'aise de vous voir sortir du cadre maternel.

Situation n° 3 : vos parents vous ont toujours vue prendre telle ou telle direction dans la vie. Mais la direction qu'ils préconisent nourrit leurs propres aspirations. Ils vous conseilleront donc en fonction de leur vision.

Dans le film *Burlesque*, Christina Aguilera joue le rôle d'Ali, une femme qui débarque à Hollywood et réussit à obtenir un emploi de serveuse dans un cabaret réputé pour présenter des numéros de chant et de danse, dirigé par Tess (Cher). Je ne vous raconterai pas toute l'histoire, mais une scène en particulier m'a vraiment marquée. Pendant qu'elle travaille, Ali regarde toutes les chorégraphies et elle apprend par cœur les pas et les paroles des chansons. Elle se voit sur scène. Puis, un jour, la vedette principale du spectacle, qui a des problèmes de consommation, doit quitter la troupe, alors Tess fait passer des auditions. Elle est très surprise de constater qu'Ali se présente et dit, méprisante :

– Voyons donc, une petite serveuse comme toi qui veut m'apprendre comment faire mon métier ! OK, vas-y, montre-moi ce que tu sais faire...

Et là, Ali chante, danse et elle est fabuleuse. Je vous invite à aller regarder la bande-annonce sur Internet, cette scène aura peut-être le même effet sur vous qu'elle a eu sur moi. Ça m'a fait comprendre

qu'on a tous un talent à propos duquel on entretient secrètement des visions.

- On se voit chanter sur scène ;
- on se voit ouvrir notre auberge ou notre restaurant ;
- on se voit élever des moutons ;
- on se voit femme d'affaires et millionnaire ;
- on se voit femmes d'affaires, millionnaire, élevant des moutons dans une auberge. ☺

Je n'ai jamais oublié cette scène qui m'a aidée à continuer d'alimenter les « p'tites vues » que je me faisais par rapport à ma carrière. Je me suis toujours perçue comme quelqu'un de très naturel et spontané, mais je n'ai pas eu la chance de le démontrer dans ma profession ; le milieu de la télévision est un cadre tellement rigide où tout est planifié et calculé : la durée des entrevues, les questions qu'on va poser, ce qu'on va porter, où on va se placer, comment on va être coiffée... Il n'y a aucune place pour la spontanéité, ma plus grande qualité. Toute ma vie, j'ai été attirée par des contrats professionnels qui m'offraient le contraire de ce dont j'avais réellement besoin pour rayonner sans limites. Je me suis un jour rendu compte que c'est parce que je ne faisais pas confiance à MA vision, à ce que je voyais pour moi depuis des années et qui me faisait penser : « Ce serait trop beau pour être vrai ! »

J'ai peu à peu compris que, quand on se VOIT tellement fort dans une situation, et ce, pendant des années, c'est parce que c'est ce qu'on doit ABSOLUMENT faire ! Il faut s'écouter. Je ne vous dis pas de tout laisser tomber pour vivre selon vos désirs, mais de commencer à utiliser ce merveilleux baromètre qu'est l'intuition pour mettre vos désirs sur les rails de votre véritable chemin de vie.

Si vous souhaitez en apprendre davantage sur cet outil puissant, je vous invite à lire des ouvrages qui parlent de la visualisation, car,

qu'on en soit consciente ou non, toute notre vie en découle. Voici mes deux livres préférés sur le sujet : *Techniques de visualisation créatrice* de Shakti Gawain et *Guide pratique de la visualisation créatrice* de Denning et Phillips.

Dans mes conférences, lorsque je parle de ce thème, je sors ma «seringue jouet». Je l'ai toujours avec moi, dans ma sacoche. Je l'ai achetée chez Toys "R" Us et vous auriez dû voir la tête de la vendeuse quand je lui ai demandé si je pouvais acheter seulement la seringue et non la mallette de docteur au complet. Elle m'a demandé : «Quel usage voulez-vous en faire?» Comme je n'avais pas envie qu'elle me juge si je lui répondais vouloir me *shooter* quotidiennement du positif pour m'aider à concrétiser mes visions – je n'avais pas trop envie qu'elle appelle le 911 –, je me suis contentée d'acheter la trousse au complet et j'ai donné ce dont je n'avais pas besoin à ma petite nièce.

Pourquoi une seringue? Pour illustrer ceci : chaque fois qu'on fait une projection, quelle qu'elle soit, on s'injecte un scénario qui sera projeté sur notre écran mental et qui contribuera à nous plonger dans l'émotion du contexte scénarisé.

EXEMPLES :

- Si on s'injecte régulièrement de la culpabilité, on ressentira de la culpabilité.

- Si on s'injecte régulièrement de la peur, on agira sous l'effet de la peur.

- Si on s'injecte des scénarios catastrophes, on vivra des scènes dignes d'un film d'épouvante!

En d'autres mots, dans notre seringue se trouve un contenu qui peut activer soit nos propres visions, soit celles que les autres ont pour nous. À vous de choisir!

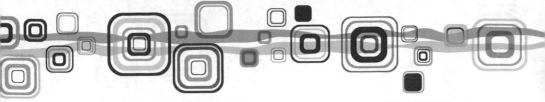

J'ai la ferme conviction que nous sommes RESPONSABLES des injections qu'on se fait ou qu'on reçoit.

Si vous commencez à vous intéresser à la visualisation et à l'impact positif et transformateur qu'elle peut avoir au quotidien, vous aurez tôt fait de vous rendre compte que, dans votre vie, tout est arrangé avec la fille des vues. Et la fille des vues, c'est vous!

Cœur pur

Un jour, spontanément, j'ai dit à mon *chum* :

– J'espère que tu n'as rien de prévu pour les quarante prochaines années, parce que tu es *booké*, mon gars !

C'était tout juste après que j'ai eu une bouffée d'amour pour lui.

Bouffée d'amour (définition selon Marcia) :

Vive émotion qui me prend au ventre et qui me fait trouver mon *chum* tellement beau, tellement génial, tellement drôle, tellement unique, tellement sur mesure pour moi, tellement « toute » et qui, en prime, me fait prendre conscience à quel point je suis comblée, privilégiée, enchantée, bénie.

Ça me surprend encore d'avoir des bouffées d'amour tous les jours, après neuf ans de relation. Au début, c'est normal d'éprouver cette sensation, car on n'a pas encore vu l'autre sous son mauvais jour, c'est-à-dire roulé en boule après un coup dur, en train de bouder ou de douter, vêtu de son vieux t-shirt troué et de son pantalon molletonné. On ne l'a pas vu couché sur le divan avec, dans une main, la télécommande, et dans l'autre une boîte de papiers-mouchoirs parce qu'il souffre d'une affreuse grippe d'homme. On ne l'a pas vu pompette dans un party familial, en train de répéter les mêmes maudites affaires... On ne l'a pas vu avec un morceau de laitue coincé entre les dents pendant un souper important, ou roupillant

au cinéma en produisant un bruit gênant. On n'a pas encore eu à subir ses soirées interminables au sous-sol avec ses *chums* de gars, on n'a pas commencé à se disputer avec lui à propos de l'éducation des enfants, on ne l'a pas vu non plus faire des choses qui sont, à nos yeux, une perte de temps et qui nous exaspèrent (classer ses vis en ordre de grandeur, par exemple)...

Non, je parle de ces débuts de relation, lorsqu'on a une image presque parfaite de l'autre, qu'on ressent pour lui un amour intense, mais qu'on a aussi très peur. Peur que ça arrête, peur d'être abandonnée, peur d'être déçue, peur de décevoir...

Après neuf ans, je peux dire que j'ai vu Cœur Pur dans toutes les situations possibles (l'inverse est vrai aussi) et que je l'aime chaque jour de plus en plus (et c'est réciproque). Il ne m'a JAMAIS tapé sur les nerfs! Oui, parfois je le trouve intense ou trop entêté, mais je ne remets jamais en question mon amour pour lui ou notre relation. Pour une fille qui, dans le passé, avait envie de rompre toutes les semaines avec ses amoureux, c'est un miracle! J'en déduis donc que, pour qu'une relation soit satisfaisante, nourrissante et exponentiellement réjouissante, les défauts de l'autre doivent être compatibles avec les nôtres et représenter des qualités à nos yeux. Si j'aime habituellement les hommes routiniers et prévisibles, un homme bohème et spontané va m'irriter dès qu'il voudra faire un pique-nique, assis en lotus dans le salon, un soir de semaine. Si, par contre, je cherche une relation où l'imprévu est au rendez-vous, ce genre d'homme me garantirait un bonheur prolongé et je déplierais joyeusement la nappe pour notre pique-nique amoureux du mardi soir!

J'aime tellement vous répondre «oui, plus que jamais!» quand vous me demandez si je suis toujours avec Cœur Pur!

Certaines de mes amies n'apprécient pas que je parle de la fin possible d'une relation amoureuse. On m'a souvent dit: «Marcia, tu dois avoir peur de l'engagement.» C'est faux. Mais je ne veux pas rester avec Cœur Pur simplement parce que je l'ai aimé un jour

et que j'ai l'impression de devoir l'aimer pour la vie. Entre nous, c'est clair qu'il n'y a aucune obligation. Si je sens un jour qu'il reste avec moi pour les mauvaises raisons, je serai la première à l'aider à faire ses valises. Je veux d'un homme qui est avec moi par plaisir, par désir, et non par soupir et pour souffrir. Je peux comprendre qu'on veuille allonger un peu la sauce – amoureusement parlant – quand on a des enfants avec notre conjoint. On est prête à endurer et à faire les fameux compromis dont tout le monde parle. Mais on repousse simplement l'inévitable. Je dis donc OUI aux ajustements, mais NON aux compromis.

Quels sont les éléments qui font d'une relation amoureuse une expérience nourrissante? Pour répondre à cette question, j'ai élaboré mes propres «lois», dont voici le *top* cinq:

1. Sans toi, je suis parfaitement heureuse et libre. Avec toi, je suis parfaitement heureuse, libre ET amoureuse.

2. On n'a pas besoin de «faire des activités» ensemble pour s'aimer. La preuve: je suis allée cinq fois au restaurant en tête-à-tête avec mon *chum* en neuf ans de vie commune. Passer du temps en couple n'a rien à voir avec «faire une sortie en couple».

3. Avec toi, je ne veux pas *faire*, je veux *être*. Être complice, être en confiance, être emballée.

4. J'ai envie de te parler souvent, longtemps. Pas pour qu'on se raconte nos journées plates au bureau ou ce qu'on a mangé pour dîner. Pour parler de nous, de comment on se sent, de ce qui nous a fait de la peine. Échanger, partager.

5. Il faut rire beaucoup, plusieurs fois par jour.

Vous me demanderez alors: «Est-ce que chacune peut trouver une personne aussi compatible avec elle?» OUI! J'ai d'ailleurs concocté un petit truc dans mon laboratoire de vie, pour être bien certaine

de ne pas faire de compromis important quant à ce que je désirais concernant l'essence de ma prochaine relation. Ce truc a d'ailleurs fait l'objet d'une petite vidéo maison que j'ai offerte à mes amies Facebook et qui a été visionnée des milliers de fois. Isabelle Maréchal m'a même invitée à son émission de radio pour que j'en parle. Pour trouver un ou une partenaire de vie idéale, voici donc ma «recette»...

ÉTAPE 1

Sur une grande feuille de papier, écrivez au moins quinze qualités de cœur et d'âme que doit posséder la personne avec qui vous établirez une relation amoureuse. Attentionné, généreux, axé sur la famille, drôle, spirituel, curieux, etc.

Attention: il ne doit y avoir aucune caractéristique physique ni compétence (par exemple, «sportif» est une compétence). Allez plus loin dans votre réflexion et demandez-vous ce qu'il y a derrière ce qualificatif. Quelqu'un qui est bien dans sa peau? En santé?

Moi qui adore la littérature, je n'ai pas mis sur ma liste «aimant les livres», car il s'agit d'une préférence liée à une activité, à un centre d'intérêt personnel. Heureusement, car, si ç'avait été un de mes critères, j'aurais quitté Cœur Pur! Mon *chum* n'aime pas les livres, il ne lit pas et je n'en souffre aucunement.

Après avoir écrit tous vos mots, barrez-en plusieurs de façon à ne garder que les plus importants pour vous, pour un maximum de six ou sept. (Pas besoin de les placer en ordre de priorité.)

ÉTAPE 2

Écrivez ces mots sur une autre feuille et encerclez la première lettre de chacun. Avec celles-ci, tentez de former un acronyme qui vous aidera à mémoriser les qualités que vous recherchez. (Ce n'est pas nécessaire que l'acronyme soit un mot qui existe réellement, mais c'est plus facile à retenir.)

Repensez à ce mot chaque fois que vous rencontrerez une nouvelle personne qui pourrait être votre âme sœur. S'il lui manque une seule lettre pour correspondre à cent pour cent à votre acronyme, vous devrez cesser de la voir, car ce n'est pas la bonne.

Exemples réels d'acronymes

Mon amie Mélanie (jeune trentenaire) voulait un SWATE.

> **S**olide et **S**urprises
> *Willing*
> **A**ttentionné, **A**dmiratif, **A**imant
> *Team*
> **É**nergie sexuelle compatible

Elle l'a trouvé au bout d'un an et, je vous le dis, il est formidable !

Mon amie Caroline (trente-neuf ans) a choisi : CHAISE. Elle cherche encore à ce jour. Grâce à son acronyme, elle peut cesser toute relation avec un homme qui n'a que trois pattes !

> **C**omplice
> **H**onnête
> **A**ffectueux
> **I**ntelligent
> **S**ensuel et **S**exuel
> **E**njoué

L'acronyme de mon amie Christine Michaud est : VASTE.

> **V**rai
> **A**ttentionné
> **S**pirituel
> **T**endre
> **É**panoui

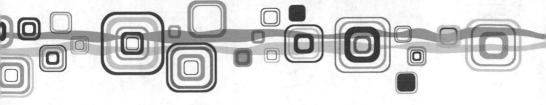

Mon mot à moi était : SSI.

      Sensualité
      Sexualité
      Intimité

Aujourd'hui, je remercie la vie d'avoir placé sur ma route Cœur Pur, ce bel être humain qui me procure des bouffées d'amour quotidiennement et qui respecte en tout point mon SSI. Grâce à elle, moi aussi, je suis *bookée* pour les quarante prochaines années... et ça fait tellement mon affaire !

Petite sœur

C'était le jour de mes sept ans. La maison était remplie d'enfants. Ma mère avait une grosse bedaine et une longue robe verte en Fortrel, je m'en souviens comme si c'était hier, même si ça fait plus de quarante ans. Je me souviens aussi de la robe que je portais ce jour-là (aussi en Fortrel, mais bleue), de mes souliers blancs, de l'excitation ressentie toute la journée à l'école, parce que je savais qu'à mon retour à la maison, il y aurait un beau party pour ma fête.

À cette époque, on ne planifiait pas de célébrer notre anniversaire pendant un week-end complet. Ça se faisait le jour même, après l'école, et, si ça tombait un mardi, alors c'était un mardi, un point c'est tout! Et il n'y avait pas de cadeaux à n'en plus finir... Une famille de quatre ou cinq enfants avec un seul salaire ne pouvait pas se permettre d'envoyer deux de ses rejetons à la fête de la voisine si elle devait alors débourser cinquante dollars. Souvent, on apportait des cadeaux faits à la main. Ma mère fabriquait de la pâte à modeler maison et elle la teintait avec du colorant alimentaire. Trois boules, rose, verte et bleue, dans trois *baggies* (l'ancêtre des Ziploc), et le tour était joué.

Ce soir-là, donc, la maison avait été décorée de guirlandes fabriquées par mes sœurs, et ma mère avait fait un gros gâteau Duncan Hines deux étages avec de la confiture au centre. Sur la table, il y avait quelques bouteilles de 7UP, un bol de chips, des jujubes et des chapeaux pointus. Les enfants affichaient des sourires heureux (avec quelques dents en moins) et la maison débordait de bonheur.

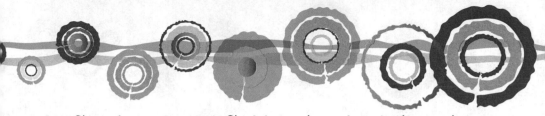

C'était le 27 mars 1974. Ça a été une date très spéciale, car c'est la dernière fois qu'on a vu la grosse bedaine de ma mère. Ce jour-là, jour de mon anniversaire, ma sœur Estelle a décidé de venir au monde. Ma tante Marie était à la maison pour la semaine, sachant que ma mère devait accoucher sous peu. Et c'est là, au beau milieu de la fête, avant même qu'on ait mangé le gâteau, que ma mère a appelé mon père pour qu'il rentre du travail. Il est arrivé rapidement pour repartir aussitôt pour l'hôpital avec ma mère et sa valise.

Ce soir-là, j'ai savouré pleinement le «Bonne fête» qu'on m'a chanté, car je savais que c'était la dernière fois que je soufflerais mes bougies seule. Le gâteau trop sucré s'est mangé dans l'effervescence de cette fin de journée de printemps, que la fébrilité teintait d'une touche de couleur comme seule la vie sait en ajouter. (Et je vous jure que ce n'était pas du colorant alimentaire.) Une goutte de bonheur venue colorer parfaitement ce 27 mars 1974.

Puisque c'était mon anniversaire, mon père m'avait promis que c'était à moi qu'il annoncerait, au téléphone, si c'était une fille ou un garçon. Vers vingt et une heures, le téléphone a sonné. Ma tante Marie a répondu et, après avoir posé quelques questions, elle m'a tendu le combiné. J'écoutais mon père me dire qu'on avait une petite sœur devant le regard impatient de mes deux autres sœurs, Brigitte et Jeanne. J'ai fait durer le suspense et je leur ai même mimé le fait que c'était un garçon. (Vous vous demandez probablement comment j'ai fait? Ce serait difficile de le décrire, mais je vous assure que mes sœurs ont très bien compris.) Mais, rapidement, je leur ai dit que je blaguais.

Pauvre tante Marie... elle n'a pas dû dormir de la nuit avec trois fillettes surexcitées et une maison bordélique après le passage de vingt macaques!

Le lendemain, à l'école, j'avais l'impression d'être l'enfant la plus importante du monde, parce que moi, pour mon anniversaire, j'avais reçu le plus beau cadeau pas emballé: une petite sœur. Je me

rappelle très bien avoir couru jusqu'à ma classe pour dire à ma prof de première année :

— Denise, devine ce que j'ai eu pour ma fête ?

— Je ne sais pas...

— Une petite sœur !

La semaine suivante, après l'école, toute la classe était venue voir le bébé à la maison. Encore une vingtaine d'enfants au sourire édenté, mais des enfants silencieux et admiratifs, cette fois. J'avais ouvert la porte de la chambre du bébé, où trônait le moïse en bois dans lequel la quatrième merveille du monde était couchée (les trois autres merveilles étant nous, ses sœurs).

« Regardez mais ne touchez pas, les filles. » Ç'a été la consigne stricte de ma mère. Bébé Estelle était notre poupée. Je l'aimais tellement ! Je dois dire que c'est grâce à elle que j'ai connu mes plus beaux moments de liberté. Avant son arrivée, j'étais la petite sœur que ses aînées amenaient partout. Après la naissance de bébé Estelle, c'était *moi* l'aînée qui amenait sa petite sœur au parc, chez ses amies, au dépanneur, en brouette dans le champ derrière la maison. Quand je partais jouer avec Estelle, ma mère me dispensait de la vaisselle et des autres tâches communes. Vous pouvez imaginer toutes les activités que j'ai proposé de faire avec ma sœur pour avoir la permission de vivre en toute liberté ! C'est grâce à mes nouvelles fonctions que j'ai goûté pour la première fois à cette sensation de ne plus être chaperonnée, de pouvoir partir à l'aventure, et ce, en me faisant confier une responsabilité énorme. Jamais je n'ai manqué de jugement, jamais je n'ai trompé la confiance de mes parents. Je voulais tellement continuer à être affectée à cette « tâche ». Pourtant, ce n'en était pas une... c'était un cadeau !

Et c'est avec cette petite sœur que, depuis quarante et un ans, je partage mes journées d'anniversaire. Et c'est avec cette petite sœur que j'ai un lien très spécial. Normal quand on a vu une enfant

grandir, quand on l'a vue prendre sa première bouchée de nourriture, prendre sa première débarque à bicyclette, quand on l'a aimée si fort qu'on pensait que notre cœur allait exploser, quand on a eu envie de lui expliquer la vie, de lui montrer quoi faire et ne pas faire, quand on a eu hâte au soir pour lui lire une histoire, quand on l'a poussée très haut dans la balançoire juste pour qu'elle sache que tout est possible dans la vie, même toucher le ciel du bout des pieds, quand on a fait du porte-à-porte dans le quartier pour montrer à tout le monde notre petite sœur de trois ans qu'on trouve si belle, quand on est allée la chercher à l'école primaire en arrivant de la polyvalente, quand on lui a donné ses premiers conseils amoureux, quand on lui a fait un gâteau décoré de tampons en guise de chandelles pour célébrer ses premières menstruations, quand la vie au 114, Marie-Briau à Boucherville était plus belle grâce à cette petite fille qu'on a regardée grandir et qu'on n'a jamais voulu voir souffrir...

Et, lorsque cette petite fille devient une femme, puis une mère à son tour, et que, quand on la regarde, on revoit le visage de cette enfant qui est entrée dans notre vie le jour de nos sept ans, eh bien on se dit que c'est vrai que 7 est un chiffre chanceux!

Avec ma mère, le 27 mars 1974.

Avec Estelle.

Lettre à Gustave

Salut, mon beau bébé. Je t'écris une lettre même si tu ne sais pas lire et même si je ne t'ai jamais vu. Dans quelques heures, tu vas entrer dans ma vie par la grande porte. Ce sera, je crois, la porte la plus largement ouverte que tu auras jamais à franchir. Les autres portes importantes de ta vie seront probablement en partie fermées ou verrouillées, plus grinçantes ou tournantes. C'est cette première porte ouverte sur la vie qui te permettra d'y entrer sans trop savoir ce qui t'attend. Dans quelques heures, ta vie au chaud et dans le noir, à l'intérieur du corps de ta maman, sera chose du passé. Le présent, ce sera toi qui entres dans la vie, dans nos vies, dans ta vie. Ta vie que tu ne connais pas encore.

J'ai envie de te dire deux ou trois choses nécessaires à savoir avant que tu mettes ta main sur la poignée de porte.

Je veux te féliciter d'avoir choisi ma fille comme mère. Tu vas voir, Adèle est splendidement unique. Tu ne t'ennuieras pas, avec elle! Et je te jure qu'elle sera la meilleure mère du monde. On dit toujours des gens qu'on aime qu'ils sont les meilleurs, mais, dans le cas d'Adèle, pas de doute possible. Il existe une seule mère comme celle-là et c'est toi le chanceux qui l'auras. Une mère tendre, vraie, créative, pragmatique, drôle, intense et à l'écoute. Elle sera capable de déplacer des montagnes pour toi, mais elle saura surtout t'apprendre à les gravir. Ton père, je ne le connais que depuis deux ans, mais, à

34

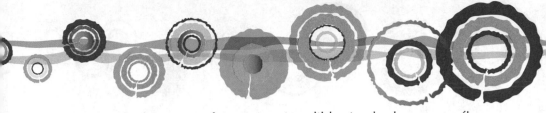

mes yeux, il a la note parfaite et je sais qu'il la tiendra longtemps (la note, ta main, la main de ta mère).

Je me demande souvent à quoi pensent les nourrissons lorsqu'ils ouvrent les yeux pour la première fois. Sont-ils conscients de ce qui leur arrive? Seraient-ils découragés si on leur disait que, dans leur première année de vie, ils apprendront tout (manger, boire, aimer, jouer, marcher, pleurer, dormir, sourire) et qu'ensuite, ce ne sera que répétition?

Tu vas voir, mon beau Gustave, tu vas vivre toute une aventure! Elle ne sera pas toujours facile! Tu le constateras sûrement lors de l'accouchement. Tu ne le sais pas encore, mais tu auras des efforts à fournir pour sortir de ta mère. Tu vas avoir un choc, c'est certain. Tu devras respirer par toi-même et il paraît que la première bouffée d'air fait très mal parce qu'elle brûle. On dit même qu'après cette expérience, on prendrait la décision de ne plus respirer à fond pour le reste de nos jours, alors que c'est pourtant la profondeur de ce souffle qui fait toute la différence lors des moments plus difficiles... Ce n'est pas pour rien qu'on utilise l'expression «respire par le nez» quand quelqu'un est stressé. Quant à moi, sache que je suis une mère-grand plutôt zen. À la fois énergique et relax. Ah oui! Je voulais t'expliquer pourquoi j'ai choisi de me nommer «mère-grand».

Quand ta mère m'a appris que tu t'en venais, j'ai rapidement pensé que je devais me trouver un nom que j'allais aimer. Pas «mamie», car je trouve ça un peu trop commun et je n'aime pas la sonorité. Pas «grand-mère» non plus, car c'est ce qu'utilisent mes enfants pour parler de ma mère. Pas un nom inventé non plus... Je voulais un mot en français, peu employé, original et à contre-courant. C'est en parlant avec ma sœur Brigitte (ta grand-tante) que j'ai eu l'idée: mère-grand, comme dans *Le petit chaperon rouge*. J'hésitais encore un peu quand, quelques jours plus tard, à la librairie, j'ai mis la main sur une nouvelle édition de ce conte. J'ai

alors constaté que la mère-grand n'était plus celle de mon enfance, qu'elle avait une allure plus jeune (elle a même des mèches mauves, dans certaines versions !) et j'ai alors su que j'allais lui emprunter son nom. Un emprunt à long terme. Il fallait toutefois que ledit nom soit accepté par le comité, c'est-à-dire ta mère. Elle l'a tout de suite aimé.

Je suis convaincue que ça va me faire tout drôle de l'entendre de ta bouche, de la mienne et de celle de ma fille... Au début, je regarderai autour de moi avant de comprendre que c'est à moi qu'on s'adresse, mais je vais m'habituer. Et tu sais quoi ? Si jamais je n'aime pas ça, je changerai, c'est tout. Dans la vie, tout se renégocie. On n'est nullement obligé d'endurer des situations qui ne nous procurent pas de joie, il y a toujours une solution à tout. Si je n'avais qu'une seule vérité à te dire, ce serait celle-là : il n'y a pas de vérité immuable. Rien n'est tout noir ou tout blanc. Il y a souvent du gris, mais tu découvriras bientôt que je n'aime pas du tout cette couleur. Sur les murs de ma maison, il y a du mauve, du bleu, du rouge et du jaune. J'aime mettre de la couleur partout où je passe. Dans ma vie en premier et, ensuite, dans celle des autres.

Mettre de la couleur, pour moi, ça veut dire rendre les situations du quotidien agréables et spéciales. J'y parviens assez bien, tu verras. On va avoir du plaisir ensemble ! Et, si on fait des folies, ta mère ne me chicanera pas, car je crois bien qu'elle a apprécié toutes celles qu'on a faites, elle et moi. Elle te racontera... Elle n'a pas eu une mère parfaite ni conventionnelle, elle aurait peut-être aimé avoir des cadeaux à Noël comme toutes ses amies, elle aurait peut-être aimé que je me maquille et que je me coiffe davantage, que je parle ou que je rie moins fort, que j'aie des opinions plus traditionnelles, mais, comme je le lui ai toujours dit : « Je ne peux pas être quelqu'un d'autre. Cependant, je peux te faire la promesse d'être toujours authentique. »

Cette promesse, je te la fais à toi aussi, mon tout petit, mon si précieux, mon enfant neuf, et je vais avoir de la facilité à la tenir, car plus je vieillis, plus je sais qui je suis.

Et, en ce moment, ce qui m'excite le plus, c'est d'être ta mère-grand !

Adèle et Félix.

Moi, ado

Parfois, je me tape sur les nerfs. Parfois, je me trouve intense et je me juge.

Lorsque j'étais adolescente, je me retenais d'exprimer mon bonheur et ma gratitude, parce que je sentais que ça tapait sur les nerfs des autres. Surtout quand « les autres » sont des ados blasés qui ont pris un coup la veille et qui ne comprennent pas ce qu'il y a de tripant à s'étendre sur l'herbe pour *sniffer* l'odeur de la terre et sentir le vent sur son visage.

Eux, ils préféraient la fumer, l'herbe.

Moi, je ne prenais pas d'alcool, je ne fumais pas de joints. (Même si, encore aujourd'hui, certaines personnes pensent que je devais être « gelée ben dur » pour m'habiller de même, parler à tout le monde de même et rire de même !) On m'invitait quotidiennement à fumer, pendant les pauses à l'école, mais je refusais toujours.

— *Farmer*, viens dehors à la pause. J'ai des champignons magiques. Du bon stock ! Tu vas aimer ça...

Farmer, ç'a été mon surnom pendant une bonne partie du secondaire, parce que je portais une salopette lousse en jean. On me disait même :

— Heille, *Farmer*, y a du foin qui sort de ta case !

Ou encore :

— C'est pas l'Halloween, aujourd'hui, pourquoi tu t'es déguisée ?

J'étais invitée aux partys de toutes les gangs du secondaire : les rockers, les granos, les *straights* qui jouaient aux cartes le vendredi soir en buvant de la limonade, les punks qui se tenaient aux Foufounes Électriques, les sportifs, les artistes en herbe qui faisaient de l'impro, etc. Tout le monde appréciait ma présence, à l'exception de quelques « morons » qui aimaient me rappeler trois cent soixante-quatre jours par année que ce n'était pas l'Halloween, mais qui sont bien fiers, aujourd'hui, de dire à leurs enfants qu'ils allaient à l'école avec moi. J'allais donc avec grand plaisir à tous les partys. Souvent, je faisais un p'tit tour en fin de soirée et j'étais toujours surprise de constater que, dans la plupart de ces rassemblements, personne n'était sobre. J'en ai ramassé, des filles saoules qui pleuraient dans les toilettes et des gars qui faisaient des *bad trips*... J'en ai consolé, des couples qui venaient de s'engueuler sous l'effet de l'alcool... Mais j'ai aussi dansé des *slows* et fait la rencontre de nouvelles personnes et tissé des liens amicaux qui durent encore aujourd'hui. Tout ça sans alcool, sans herbe, sans champignons magiques. Mon seul vice : des cigarettes du Maurier volées à mon père. J'en glissais quatre ou cinq dans mon soutien-gorge avant de sortir et je les fumais pendant la soirée. J'adorais fumer la cigarette. Je fumais même enfermée dans la chambre froide, au sous-sol du bungalow familial, juste avant d'aller me coucher. Vous imaginez ? Pas d'air, pas de fenêtres... Je ressortais de ce « caveau » blanche comme une Aspirine, la jaquette qui sentait la fumée, mais heureuse d'avoir transgressé une loi ! Ce que j'aimais par-dessus tout, c'était de fumer dehors... Alors, quand le beau temps se montre le bout du nez au printemps, même plusieurs années après avoir arrêté je dois me retenir pour ne pas aller m'acheter des cigarettes et les fumer sur mon balcon !

Je me rappelle aussi des visites nocturnes de mon ami Benoit Pilon... Il avait vingt ans, j'en avais quatorze et, pendant tout un été,

il est venu frapper à la fenêtre de ma chambre, située au sous-sol. Il finissait de travailler à vingt-trois heures trente et une heure plus tard il était chez moi. Je m'éclipsais par ma fenêtre et nous allions jaser des heures au parc, en face de ma maison. J'aimais Benoit, mais, étant donné notre différence d'âge, nous vivions un amour interdit et platonique. Je me souviendrai toute ma vie de ces moments de bonheur, ces moments intenses où je savourais à cent pour cent l'extrême plaisir de vivre à ma façon, en apprenant à me connaître, en apprenant à discuter, assise dans l'herbe, en plein milieu de la nuit, avec un homme beau et intelligent... Puis Benoit est parti faire le tour du monde à l'automne et, chaque semaine, je recevais une lettre de sa part. Je les ai toutes gardées, mais jamais relues. Je devrais le faire. La veille de son départ, il est venu frapper à la fenêtre de ma chambre pour notre dernière nuit à la belle étoile. Mais je m'étais endormie et... je ne me suis jamais réveillée! Mon père, lui, a été tiré de son sommeil et c'est lui qui est allé ouvrir. Benoit lui a expliqué qu'il partait le lendemain en voyage et qu'il était venu me saluer. Ils ont jasé ensemble quelques minutes et Benoit est reparti sans me dire au revoir. Mon père n'a jamais su que ce n'était pas la première visite de mon ami, heureusement pour moi!

Moi, ado de quinze ans, pas normale aux yeux des autres. Pas normale parce que pétillante, vivante, peu blasée, marginale, bien dans sa peau et intense. Pas normale parce que seule au monde à être comme ça.

Aimer autant la vie à un âge où on n'en connaît pas grand-chose. À un âge où, quand on réfléchit trop, on peut capoter. À un âge où, justement, on capote trop souvent. Je ne dis pas que je n'étais jamais angoissée, au contraire! Je l'étais parfois au point de paralyser, mais il y avait toujours cette perche, tendue d'on ne sait où, que j'empoignais fermement, parfois en pleurant, parfois en priant, mais toujours en disant: «Merci, la vie, d'être là, de me pousser pour que je grandisse physiquement, spirituellement et psychologiquement.»

Être grande et *groundée*, être cool sans couler, être sombre sans sombrer...

Avoir quinze ans et vouloir tout faire, mais ne pas pouvoir, parce qu'il y a tant de permissions à demander, d'obstacles à affronter... Se coucher tous les soirs en ignorant ce qui nous attend le lendemain, mais en sachant qu'on a encore tellement de temps devant nous. Et se lever au petit matin en se trouvant intense, sans se douter que cette intensité sera plus tard notre principale alliée.

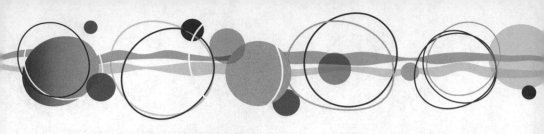

Les sœurs Pilote

Avant de commencer, je veux tout de suite préciser quelque chose : je suis parfaitement heureuse avec mon beau Cœur Pur et je ne voudrais pas que notre relation se termine. Ce que je vais écrire dans cette chronique n'a rien à voir avec lui ni avec une volonté de ma part de changer mon état civil. Bon, puisque tout est clair maintenant, je peux vous confier ceci : je m'ennuie de *dater*.

Vous savez, les premières rencontres et les premiers rendez-vous, quand on cherche l'âme sœur ? J'envie toutes les célibataires d'avoir la chance de vivre ces moments. À un tel point que, lorsqu'une de mes amies est sur le marché du célibat et qu'elle a des rendez-vous galants, je lui offre d'arriver à l'improviste, « par hasard », juste pour le plaisir de poser *mes* questions au gars et d'ainsi voir de quel bois il se chauffe. Si je le pouvais, je placerais un dispositif dans l'oreille de mes amies en *date* et je leur soufflerais les répliques à dire et à ne pas dire ! Si je me fie à ce que j'ai pu observer autour de moi, je peux affirmer que l'art de la répartie, lors d'une première rencontre, n'est vraiment pas maîtrisé par les femmes. On dirait qu'une transformation hallucinante se produit. En d'autres mots : elles ne l'ont pas pantoute, l'affaire !

Les femmes sécrètent-elles une hormone qui les rend mièvres et qui leur fait perdre tout sens de la répartie ? Une hormone qui

les empêche complètement d'être baveuses, frondeuses, détachées et qui les transforme en «femmes-guimauves»?

Définition : femme naturellement ferme et solide qui ramollit à la moindre apparition d'une potentielle flamme.

Dans une situation de première rencontre avec un homme, je suis le contraire d'une femme-guimauve. Je suis «allumée» à cent pour cent. Pas sexuellement parlant, mais intellectuellement. Je n'ai jamais autant le sens de la répartie que lors d'une *date*. Tout ça, c'est grâce à ma compréhension et à ma maîtrise des éléments de base d'un bon échange. Le plus important parmi tous est la solidité : il faut garder son esprit alerte en tout temps, ne jamais fondre devant l'autre, ne pas le laisser monopoliser la conversation, mais échanger avec lui.

Je pourrais donner le cours *Premières rencontres 101*. Les trois erreurs les plus courantes sont :

1. Écouter trop au lieu de parler.

2. Laisser l'autre aborder des sujets qui ne nous intéressent pas (ses relations antérieures, son voyage de noces avec son ex-femme, ses bons coups au golf, etc.). Il faut savoir lui signifier que son récit nous ennuie. Voici le genre de phrase que je dirais dans cette situation : «Mon beau garçon, si ça ne te dérange pas trop, on va plutôt parler de nous, parce que, si on commence à parler de nos ex, on sera encore ici à Noël.»

3. Vouloir être fine et dévouée. De grâce, n'exagérez pas vos réactions et vos commentaires si l'autre vous plaît. Sachez garder une petite distance, même si c'est difficile, sans pour autant jouer une *game*. Il ne faut pas que l'autre sente dès la première rencontre qu'il vous impressionne. S'il tente de vous en mettre plein la vue avec ses exploits, n'hésitez pas

à lui lancer des phrases du genre : « C'est bien beau que tu aies réussi à gravir le Kilimandjaro, mais est-ce que tu saurais repasser un chemisier ? »

L'humour un peu ironique est vraiment une option intéressante quand on veut voir de quel bois se chauffe l'homme devant nous...

Le fait d'avoir grandi avec trois sœurs aussi vives d'esprit et irrévérencieuses que moi m'a permis d'aiguiser mes patins et de fréquenter régulièrement la patinoire des joutes verbales de haut niveau. En nous éduquant à sa manière, notre mère Lucie nous a inculqué une grande confiance en nous et un sens de la répartie hors du commun. Particulièrement en ce qui concerne certains garçons qui, pour affirmer leur supériorité, lancent une réplique désobligeante à une fille. Les beaux parleurs, les vantards et les machos ne sont jamais venus à bout des sœurs Pilote, parole de Lucie !

D'ailleurs, je vais vous faire une petite confession à propos de nous... Mes sœurs et moi avions une convention tacite : chaque fois (sans exception) qu'un membre du sexe opposé (qu'il fût garçon, ado ou homme) franchissait le seuil de notre porte, il fallait qu'on lui donne un surnom. Aucun de nos *chums*, nos prétendants, nos amis ou nos cousins n'est reparti de la maison avec le même nom, après nous avoir rencontrées. Faites le calcul : quatre filles, sur une période de vingt-cinq ans... ça en fait, du mâle rebaptisé !

Le nom s'imposait de lui-même, que ce soit à cause d'une particularité physique, de la dissonance du vrai nom du gars en question, d'une gaffe qu'il avait faite ou d'un flash. Voulez-vous des exemples ?

Cul l'Endormi

Pourquoi? Parce qu'il s'appelait Luc Léveillé. Luc, à l'envers, donne le mot «cul», et le contraire de Léveillé, c'est... l'endormi! Aussi simple que ça.

L'homme de cire

Pourquoi? Parce qu'il était très blême et très mince. On aurait dit une chandelle et il avait vraiment l'air d'être fait en cire.

Tette-sé-pop

Pourquoi? Parce qu'il avait une tétine sur chaque paupière.

King Can

Pourquoi? Parce que, chaque fois qu'il venait nous voir, il s'apportait une grosse bière (*king can*) dans un sac de papier brun. Ça ne lui est jamais venu à l'esprit qu'on aurait peut-être aimé en avoir une, nous aussi!

Ken Glad

Pourquoi? Parce qu'il ressemblait à la fois à Ken (le *chum* de Barbie) et à monsieur Glad.

BABJ

Pourquoi? Parce qu'un jour, il nous a montré sa carte d'assurance maladie et que les trois premières lettres de son nom de famille et la première lettre de son prénom donnent: BABJ. C'est Jacques Babin, le père de ma fille Adèle, et on le surnomme comme ça depuis qu'on le connaît!

Élibanais

Pourquoi? Parce que ma sœur Estelle a eu un *chum* qui se nommait Élie et qui était libanais.

CLAUDE MORIN

Pourquoi? Parce que le *chum* actuel de ma sœur Estelle est chilien (libanais... chilien... oui, elle aime les hommes exotiques). Son nom est Claudio Moran. Nous l'avons tout de suite rebaptisé à la québécoise.

PIERRE-QUI-ROULE

Pourquoi? Parce que Pierre est une personne de petite taille et qu'un jour, mon amie Martine et moi marchions avec lui quand elle a échappé sa sacoche. Pierre l'a rapidement ramassée (il n'était pas très loin, disons), alors on l'a surnommé Pierre qui roule ramasse les bourses. C'est resté.

COCO-EN-VESTE

Pourquoi? Parce qu'un *chum* qu'a eu Adèle au début de sa vingtaine (je ne me souviens même plus de son vrai nom!) portait toujours des vestes de laine, même en plein été. Je l'appelais souvent «mon p'tit coco», affectueusement, et avec le temps c'est devenu Coco-en-veste.

Le surnom le plus récent, c'est Adèle qui l'a trouvé à son propre fils Gustave, et sans l'aide de sa mère ou de ses tantes.

CROUSTADE

Pourquoi? Parce que le père de la meilleure amie d'Adèle est grec et qu'il comprend souvent autre chose que les mots prononcés. Quand sa fille lui a dit le prénom du bébé d'Adèle, il a rétorqué: «C'est original, un nom de dessert, pour un bébé!» Il pensait que le petit s'appelait Croustade...

Je ne saurai jamais si mes sœurs et moi nous sommes souvent fait rebaptiser par les gars, mais j'ai aujourd'hui la certitude que

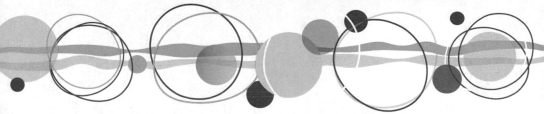

c'est grâce à ce petit jeu entre nous que nous nous sommes toujours senties égales aux hommes. C'est aussi grâce à lui qu'on a développé notre fameux sens de la répartie, bien utile en début de relation.

Si vous êtes célibataire et que vous avez une *date* bientôt, j'espère que mes bons conseils vous seront utiles. Vous m'en donnerez des nouvelles!

Photo: Martine Doucet

Brigitte, Estelle, Jeanne et moi.

Premières bouffées

Il ne sera pas question ici de mes premières bouffées de cigarettes, inhalées à l'âge de treize ans, ni des premières bouffées d'air frais prises alors que j'avais tant besoin d'air, en tant que jeune mère, ni des premières bouffées d'amour intense que j'ai ressenties pour mon *chum*... Non, je vais plutôt vous parler de mes premières bouffées de chaleur de femme préménopausée.

Comme tout le monde, j'en avais entendu parler. J'avais vu mes tantes sortir leur ventilateur électrique portatif, se mettre des *ice packs* sous les bras, rêver d'avoir un *chum* qui travaillerait dans le domaine de la réfrigération, manger des montagnes de Popsicle et passer des heures à comparer entre elles la durée et l'intensité de leurs bouffées de chaleur. J'ai observé ma mère qui faisait trois fois plus de lavage, car elle devait se changer continuellement; elle « mouillait un *top* » à chaque bouffée! J'ai eu des collègues qui arrêtaient subitement de parler, en réunion, et allaient ouvrir les fenêtres parce qu'elles suaient du *pinch*. J'ai entendu les monologues de Clémence, tirés de son spectacle *J'ai show!*, et j'ai appris par cœur les paroles de sa chanson *Je vis ma ménopause*.

Je m'étais promis de ne pas en faire de cas quand ça allait être mon tour... Je trouvais franchement disgracieuses les femmes qui m'annonçaient l'arrivée de chacune de leurs bouffées en émettant des sons d'exaspération tout en s'éventant à l'aide de leur chandail, en ouvrant les fenêtres de la maison même en plein hiver ou en

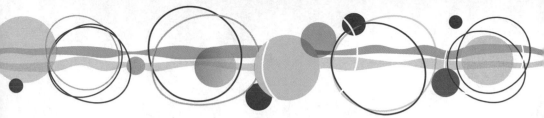

voulant se rouler toutes nues dans un banc de neige. Chaque fois qu'une femme disait «j'en ai une, j'en ai une», je pensais: «Mais qu'est-ce que tu veux que ça nous fasse? Garde ça pour toi! Déjà qu'on doit se farcir le spectacle de ton visage qui se contorsionne, n'ajoute pas en plus une trame sonore! Restons dans un film muet!»

À mes yeux, il était encore trèèèès loin, le jour où j'allais «capoter», devenir rouge comme un homard, lancer les couvertures au pied du lit, engueuler mon *chum* parce qu'il voulait me coller la nuit et crier chaque fois que j'en sentais venir une, presque comme si c'était une contraction.

Une contraction nous indique qu'un bébé s'en vient. Une bouffée nous rappelle qu'on ne peut plus en faire.

J'ai commencé à ressentir mes bouffées de chaleur de femme préménopausée la semaine où je suis devenue mère-grand. Au début, je mettais ça sur le compte de la chaleur estivale ou de l'émotion forte provoquée par la venue du nouveau bébé. Mais, après une semaine à se promener en maillot de bain dans la maison, à dormir à côté du frigo, la porte ouverte, et à s'offrir pour aller acheter de la bière à tous ses voisins juste pour vivre l'extase dans la chambre froide (en espérant presque que l'épicerie ferme et qu'elle puisse y passer la nuit!), une fille allume et comprend qu'elle est rendue à cette étape-là de sa vie!

Même si elle s'était juré de ne pas en faire de cas, c'est plus fort qu'elle, chaque vague de chaleur corporelle emporte son serment. Le malaise physique provoqué par ce débalancement hormonal lui ôte toute inhibition et la pousse à faire des choses qu'elle n'aurait jamais crues possibles...

- Plonger ses pieds dans deux seaux remplis de glace et en croquer en même temps.

- Rouler ses pantalons pour aller marcher dans une fontaine publique, ignorant les panneaux où on peut lire «interdit».

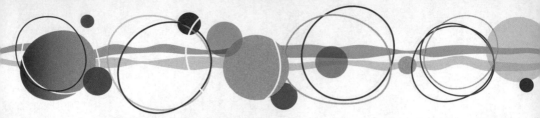

- Demander à un parfait inconnu (appelons-le Jack), dans un kiosque à journaux, de l'éventer vigoureusement avec un magazine. (Un film pourrait voir le jour... Le titre : *Jack l'éventeur*.)

J'ai une bouffée de chaleur toutes les vingt-cinq minutes... imaginez ! Deux fois par heure, je reçois cette « visite », aussi indésirable qu'envahissante, qui ne reste jamais longtemps mais qui revient souvent. Le genre de visite qui laisse sa brosse à dents dans une armoire de la salle de bains parce qu'elle a l'intention de venir s'installer chez nous en permanence, un de ces quatre. On n'a pas un mot à dire, c'est elle qui décide de ses allées et venues et, même si ça nous fait suer, on n'a pas le choix d'endurer !

La seule option serait... de changer de sexe et de devenir un homme ! Je vous jure que, si ça ne tenait qu'à moi, je n'hésiterais pas, pour vivre le reste de mes jours en paix, sans bouffée. Tout ce que seul mon corps de femme était en mesure d'accomplir est derrière moi (grossesses, menstruations, allaitement). Plus besoin d'ovuler, d'être menstruée ou d'activer mes glandes mammaires... je pourrais très bien finir mes jours en homme dans un corps qui me ficherait la paix ! Bon... je devrais endurer ces poils qui sortiraient de mes narines et de mes oreilles, la calvitie, et peut-être des difficultés érectiles avec mon « nouvel appareil »... Mon *chum* et ma famille auraient à vivre une période d'adaptation, mais, une fois le choc passé, je m'installerais bien confortablement dans mon La-Z-Boy et, une main dans le sac de chips jumbo et l'autre dans mes bobettes (je disposerais de mes deux mains à ma guise, puisque je n'aurais plus à tenir un éventail !), je pousserais un viril soupir de soulagement en pensant à la fin de cette chaleureuse aventure.

Depuis que je suis officiellement membre à vie du club des FEMES (femmes enragées ménopausées en sueur), à chaque bouffée je me demande comment ça se passerait si les hommes vivaient la même situation. Toutes les fois, j'arrive à la conclusion qu'ils ne seraient pas

« chauds » à l'idée de changer de place avec nous et que, si c'était le cas, ils auraient tôt fait d'établir différents systèmes comme :

- des chambres froides « refroidisseuses d'hommes », où ils pourraient se réfugier à la première bouffée ;

- des chemises avec un système de ventilation intégré qui se mettrait en marche dès qu'il détecterait la venue d'une bouffée, ou des bretelles réfrigérées pour garder le corps au frais ;

- un oreiller du genre Sac Magique, qu'on placerait au congélateur quelques heures avant de se coucher ;

- une lotion capillaire qui imprégnerait leurs cheveux d'une substance qui empêcherait la sueur « post-bouffée » de défaire leur *brushing* ;

- des timbres qui, collés sur la peau, diffuseraient de la bonne humeur lorsqu'une bouffée affecterait le bien-être de ces messieurs ;

- ...

Ooooooups ! Désolée, je dois fermer mon portable pour m'éventer avec l'écran parce que... j'ai une chaleuuuuuuuuuuuuuuuuuur !

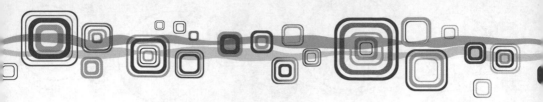

Mon loft

Le premier loft que j'ai vu de ma vie, c'était dans le film *Fame*, en 1980. J'avais douze ans.

Fame! I'm gonna live forever, I'm gonna learn how to fly high, disait la chanson-titre du film.

Ce film m'a tellement marquée que j'en rêvais la nuit. On y met en scène des jeunes de seize, dix-sept ans qui étudient la musique, le chant, la danse et le théâtre dans la plus grande école artistique du monde, à New York. Les valeurs véhiculées sont le dépassement de soi et la créativité qui donne un sens à la vie. Ajoutons à cela quelques histoires d'amour (évidemment!) et... des lofts! Murs de brique, planchers en lattes de bois, plafond infiniment haut, la lumière des néons des commerces qui entre par les fenêtres... Une manière de vivre, une philosophie de vie. Un loft pour organiser l'espace comme bon nous semble. Un endroit où le mot «liberté» prend tout son sens. On peut décider de placer notre lit en plein milieu de l'espace principal ou la table de cuisine à côté du divan, c'est comme on le sent. Aucune contrainte, aucun mur, aucune permission à demander à personne.

Après avoir vu ce film, je rêvais d'avoir un loft. J'en ai eu un à l'âge de dix-sept ans. À l'été suivant la fin du secondaire, j'ai décidé de partir en appartement avec ma copine, Charlotte Laurier, rencontrée sur un plateau de tournage. Elle venait de se dénicher

un loft dans le Vieux-Montréal et nous avions beaucoup de plaisir ensemble, alors elle m'a demandé si je voulais être sa colocataire. J'ai sauté sur l'occasion, mais, malheureusement, l'expérience n'a pas été à la hauteur de ce que je m'étais imaginé. Vivre dans un loft avec une personne qu'on connaît peu, surtout quand il s'agit de notre premier appartement, ce n'est pas à conseiller. Artiste et de nature plus introvertie, Charlotte voulait faire de l'endroit un espace de création. Quant à moi, je souhaitais y inviter des amis et vivre ma vie de femme de dix-sept ans qui habite dans le Vieux-Montréal. Quelques jours à peine après avoir emménagé, j'ai fait une grosse réaction épidermique. À l'hôpital, le médecin m'a affirmé que c'était causé par le stress et l'anxiété. Ma nouvelle vie me donnait des boutons! Je regrettais ma décision d'avoir loué ce loft et je ne savais pas comment me sortir de la situation. Finalement, j'ai dit la vérité à ma coloc : je voulais partir, mais j'étais prête à la dédommager. Charlotte a réagi de façon très gentille et je lui en suis reconnaissante. Je suis retournée vivre chez mes parents... et mes boutons ont disparu comme par magie!

L'année suivante, je partais en appartement avec ma sœur Brigitte et, un an plus tard, j'étais enceinte d'Adèle. Nul besoin de vous dire que mon rêve d'avoir un loft à moi a pris le bord! Mais je n'ai jamais cessé d'y penser... Lorsque je me sentais étouffée par ma vie de mère, je rêvais d'un loft dont je serais la seule à avoir les clés. Quand la vue des vingt-trois paires de souliers dans l'entrée de notre maison de famille recomposée me faisait rager, je me réfugiais mentalement dans mon loft de rêve. Je n'ai jamais fantasmé sur aucun homme (même pas Richard Gere) ni aucun voyage. Mon unique fantasme a été celui d'avoir un loft. Je disais même à mes amies que, si je n'avais pas réalisé mon rêve avant la retraite, j'irais vivre dans un loft plutôt qu'une résidence...

Eh bien, savez-vous quoi? Depuis quelques semaines, je l'ai, mon loft! Et il est venu à moi par un chemin auquel je n'avais jamais pensé.

J'allais donner une conférence à Cowansville et nous avions convenu, mon amie Thalye et moi, de nous rencontrer pour dîner juste avant. Je savais que Thalye venait de renouveler le bail du loft commercial où elle travaille en tant que graphiste, à Granby, dans l'ancien édifice d'Imperial Tobacco. Je voulais aller voir son « bureau » et, lorsque je suis entrée, j'ai eu mal au ventre tellement c'était beau. Elle m'a présentée à d'autres locataires, dans leur atelier de création, et plus je jasais avec ces artistes, plus mon mal de ventre s'amplifiait. Des gens créatifs, allumés, passionnés... je me croyais dans un rêve! J'ai pensé: « Wow! Ça existe, des gens comme moi, qui veulent vivre de leur talent, être leur propre *boss* et accorder la priorité à leur passion. Des gens qui ne se laissent pas freiner par l'insécurité, qui osent et foncent sans fonds de pension, sans assurance-emploi, mais avec une assurance-confiance-en-la-vie! » Je n'en avais jamais vu autant au pied carré! J'admire beaucoup ces personnes, car elles vont au bout de leurs rêves même si :

- ce n'est pas payant au début ;

- le succès n'est pas garanti ;

- leur entourage les décourage en leur disant que ça ne fonctionnera pas ;

- elles savent qu'elles n'ont aucune sécurité financière, seulement la certitude de faire ce qu'elles aiment ;

- elles se sentent souvent seules et marginales.

Ce jour-là, j'ai rencontré une communauté de gens marginaux réunis sous le même toit. Une communauté touchante, vibrante et inspirante dont j'avais envie de faire partie. Moi aussi, je voulais

avoir mon loft/atelier de création dans cet immeuble! Évidemment, ma conscience s'est mise de la partie...

– *Mais pour faire quoi, ma fille? Écrire? Tu peux écrire où tu veux, quand tu veux. Sur le coin de ta table de cuisine, dans ta voiture au bord de l'eau, à ton chalet... Tu n'as pas besoin de ça!*

– Je n'ai jamais vraiment la paix... Là, au moins, je serai certaine de ne pas me faire déranger quand je refermerai la porte derrière moi. Je serai dans ma bulle aussi longtemps que je le voudrai.

– *Tu peux être dans ta bulle partout...*

– Non, il y a toujours du bruit et il y a trop de «si» qui risquent de m'en empêcher: si mon *chum* est en congé, si les enfants sont à la maison, si on a de la visite, si les voisins font un party, si... si... si...

– *Tu peux toujours t'organiser autrement!*

– Oui, c'est ce que je fais depuis vingt-cinq ans. J'ai écrit six livres, deux cent cinquante articles pour des magazines et des centaines de rapports de recherche en berçant un bébé, en consolant une fillette malade, en me levant la nuit pour écrire pour avoir l'assurance du silence. J'ai créé entre deux brassées de lavage, entre trois repas préparés pour la semaine, entre des séances de bénévolat à l'école de mes enfants, entre deux discussions avec une voisine en peine d'amour, etc. C'est comme ça quand tu travailles de chez toi... Tout le monde te trouve donc chanceuse, mais personne ne serait capable d'être aussi efficace dans ce contexte.

– *Tu ne fais pas pitié, tu as un beau grand bureau, dans ta maison!*

– Je ne suis pas en train de me plaindre! Je dis seulement que j'ai toujours dû faire des efforts pour trouver le temps d'écrire, de créer, d'avoir des idées, de remplir des mandats. En travaillant de chez moi, je n'avais pas les conditions favorables à la concentration et mon métier, mon talent, passaient toujours en dernier. Je reléguais

mes besoins au second plan et je les comblais seulement une fois que ceux des autres l'étaient.

Quand j'ai vu que c'était possible d'avoir un environnement idéal pour créer à une heure de chez moi pour quatre cents dollars par mois, vous comprendrez que j'ai sauté sur l'occasion. Tout à coup, les portes du loft longtemps fantasmé s'ouvraient à moi, en même temps que les portes du possible. La tranquillité d'esprit, un endroit juste à moi pour aller penser, lire, réfléchir, travailler, écrire... wow!

Sur la route du retour vers la maison, après ma découverte, je me suis convaincue que je n'en avais pas vraiment besoin. Ma conscience a sorti tous les arguments imaginables pour me faire changer d'idée.

– *Tu n'iras pas si souvent que ça.*

– Même si j'y vais seulement quatre heures par mois, le simple fait de savoir que j'ai cet endroit à ma disposition va me faire le plus grand bien.

– *Quatre cents dollars par mois pour quelque chose qui n'est pas nécessaire, c'est de l'argent jeté par les fenêtres!*

– Si je suis sur le point de craquer demain matin, je vais devoir payer cinq cents dollars par mois pour consulter un psychologue... Et je vais m'arranger pour trouver l'argent, car ce sera une urgence, non? Eh bien, j'aime mieux prévenir... En plus, avoir cet atelier va m'aider à créer. C'est un peu comme quelqu'un qui a un don pour la cuisine et qui a toujours réussi à vivre de son talent sans avoir son propre restaurant. Cette personne n'a jamais osé investir pour s'acheter un endroit où elle pourra recevoir des clients, avec des fourneaux, des tables, etc. J'ai vraiment envie de m'offrir ce cadeau...

Je suis arrivée chez moi sans avoir vu l'heure de route passer, trop occupée à peser le pour et le contre d'une telle décision.

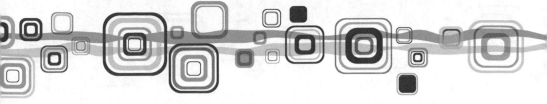

Un immense camion blanc était stationné devant ma maison. Je me suis souvenue que mon *chum* l'attendait. Quelques semaines auparavant, il avait décidé de créer sa compagnie et d'aménager la boîte d'un camion pour réunir des conditions de travail optimales. Cœur Pur était excité comme un enfant et il s'est empressé de me faire visiter son nouveau palace. Il me montrait l'aménagement de sa « caverne », mais je vous avoue que je ne l'écoutais pas du tout. Je repensais à mon dix roues à moi, mon loft en Estrie, et je me disais : « Les gars l'ont, l'affaire, eux... Y a rien de trop beau ! Ils se lancent à leur compte et, même si un petit camion serait parfait, ils courent s'acheter le plus gros et passent des journées entières à l'aménager. » Il n'en fallait pas plus pour me convaincre. Le lendemain, je suis retournée à Granby signer un bail de dix-huit mois et j'ai eu les clés le 30 avril en soirée. Je suis restée quelques heures dans mon grand loft vide, à triper, à me dire que je rêvais. Pour la première fois de ma vie, j'avais choisi un endroit sans devoir tenir compte de l'avis d'un conjoint, d'un enfant, d'un coloc ou autre. Je ressentais la sensation puissante et émouvante d'avoir une place, *ma* place, mon lieu à moi.

Tout autour, le silence. Pas de bruit de chasse d'eau (il n'y a pas de toilettes), d'électroménagers (il n'y en a pas non plus), de voisins (après dix-huit heures, l'immeuble est désert). Rien que le silence de celle qui sait se choisir, celle qui a su être patiente, celle qui a cru en ce moment. Celle qui connaît l'immense valeur d'un tel endroit, parce qu'il représente la liberté, la fierté, la créativité.

Le bail a été signé il y a cinq semaines et j'ai déjà passé deux nuits et quelques soirées dans mon loft. Autant de moments seule, à écrire, à lire, à penser, à dormir, à rêver, à écouter le silence, mon silence, si agréable à entendre. Un loft telle une boîte à musique que je suis désormais incapable de refermer, parce que sa mélodie a été si longtemps attendue et espérée.

Techniquement, j'ai signé un bail de dix-huit mois, mais, à mes yeux, j'ai signé un engagement envers mon cœur pour avoir à ma disposition un endroit comme celui-là jusqu'à la fin de mes jours.

I'm gonna live forever, I'm gonna learn how to fly high!

Tous les soirs

Tous les soirs, je prends le temps de remplir une page de ce que j'appelle mon « cahier de fiertés ». Je voulais tant avoir un cahier unique et original que je m'en suis fabriqué un à la main.

En haut de chaque page, on peut lire : *20 bonnes raisons d'être fière de moi aujourd'hui.*

Couchée dans mon lit, je repense à ma journée et j'écris toutes les situations où j'ai eu raison d'être fière de moi.

Si vous pensez que c'est une méthode pour se gonfler l'ego, vous avez tort. Savez-vous pourquoi il est ESSENTIEL de prendre le temps

de se féliciter? Pour venir à bout de la honte qui nous empoisonne la vie. Je ne connais personne qui n'a pas fréquenté intimement la honte. Je ne connais personne non plus qui se targue d'avoir honte. Au contraire, on s'efforce de camoufler ce sentiment disgracieux, car il est synonyme de défaite et d'échec. Quand on a honte, c'est souvent parce qu'on a fait quelque chose qu'on juge incorrect ou, pire, qu'on se trouve incorrect. Vous serez peut-être surprises de mon aveu, mais j'ai souvent eu honte dans ma vie. Ce sentiment tente encore souvent de me rendre visite, mais il ne réussit plus à entrer dans ma maison. Et ce n'est pas faute d'essayer quotidiennement! Comment s'y prend-il? En voulant me faire croire que je suis punissable, que j'aurais dû faire les choses autrement, qu'il faudrait que je change. Il vient saboter les beaux moments où je pourrais savourer mon succès, ma maison, mes amours en faisant planer un nuage de honte et de culpabilité au-dessus de ma tête. Aujourd'hui, il arrive que le nuage soit encore là, mais je ne le laisse plus pleuvoir sur moi.

Pour déterminer si la honte est présente dans votre vie, voici quelques indices:

- Vous rougissez beaucoup quand on vous fait un compliment.

- Vous vous justifiez dès que vous avez du succès.

- Vous vous rabaissez souvent (de façon humoristique) devant les autres.

- Vous vous traitez sévèrement, comme si vous étiez toujours dans l'erreur.

- Vous ne vous sentez pas digne d'être aimée.

- Vous ne vous sentez pas digne d'être rétribuée à votre juste valeur.

- Vous vous punissez alors que vous n'avez rien fait de mal.

- Vous avez peur de vous «faire chicaner», de vous faire prendre en défaut, et ce, même si votre comportement est exemplaire.

- Vous entendez la voix de vos parents (ou de tout autre adulte en position d'autorité pendant votre enfance) vous dire «tu devrais avoir honte» ou «tu n'as pas d'allure». Il y a aussi la version anglaise : «*Shame on you!*»

- Vous mentez pour ne pas avoir à révéler des faits qui vous placeraient dans une position vulnérable. Par exemple, si vous éprouvez des difficultés financières, vous ferez semblant de rouler sur l'or plutôt que d'admettre que vous avez besoin qu'on vous prête de l'argent.

- S'il arrive que vous pleuriez en public, c'est l'autoflagellation assurée.

- Vous ne demandez jamais d'aide même quand vous êtes réellement dans le besoin (aide financière, aide ménagère, services, etc.).

La honte est présente à tous les instants. Elle veut nous contaminer, nous diminuer, nous rabaisser. Elle provient de nos blessures d'enfance. Celui qui a le mieux expliqué ce sentiment, selon moi, est John Bradshaw, dans son livre *S'affranchir de la honte*[2]. (D'ailleurs, je suis en train de le lire pour la troisième fois. Je trouve qu'il est souvent très enrichissant de relire un ouvrage qui nous a fait faire un bon bout de chemin.) L'auteur parle de «honte toxique» qu'il nous invite à vaincre en utilisant des techniques d'affirmation, de visualisation et de méditation dirigée. Grâce à ce livre, j'ai compris à quel point il est impossible de vivre une vie comme on l'aime, vibrante, si on ouvre notre porte à la honte pour la laisser entrer. J'ai entrepris

---

2.   Éditions de l'Homme, 2013.

un processus pour me libérer de la honte il y a très longtemps et, malgré ça, je dois demeurer vigilante tous les jours pour qu'elle ne me mette pas K.-O. sans que je m'y attende.

OUI, on peut s'affranchir de la honte, mais elle continue de rôder aux alentours, tentant de nous faire croire que nous sommes indignes. Je n'ai plus souvent honte, mais ça m'arrive lorsque je me sens plus vulnérable.

Dernièrement, par exemple. Je savais que j'allais devoir rembourser le gouvernement lorsque viendrait le temps des impôts. Puisque mon salaire était moins élevé que dans le passé, mon comptable m'a recommandé de payer le minimum de mes acomptes provisionnels. Quand est arrivée l'échéance du paiement, je n'avais pas la somme complète et je me suis mise à avoir honte. Je trouvais qu'à mon âge, ce n'était pas normal d'être dans cette situation. Je m'accusais (à tort) d'avoir mal géré mes finances, je me disais « bien bon pour toi, tu as été punie », etc. Puis je me suis posé les questions suivantes : « Punie pour quoi, donc, Marcia ? Tu as fait quelque chose de mal ? Tu n'as pas cette somme d'argent parce que tu es une joueuse compulsive ou parce que tu as des problèmes de drogue ? » Non, pas du tout !!! Alors, pourquoi avoir honte ? N'arrivant pas à répondre à cette question et ayant pris conscience que la honte toxique est inutile, j'ai agi le jour même pour renverser cette situation qui ne me menait à rien de bon. Savez-vous ce que j'ai fait ? J'ai pris le téléphone, j'ai appelé des gens de mon entourage et, avec une réelle assurance et un ton enjoué exempt de toute honte, j'ai dit ceci :

— Je fais le tour des personnes qui peuvent m'aider à rembourser les impôts que j'ai à payer. J'aimerais savoir si tu serais intéressé(e) à me prêter de l'argent, selon tes conditions. Tu peux dire oui, tu peux dire non, tu peux me proposer les conditions que tu veux, cela ne changera rien à notre relation.

Pendant ce processus, j'ai été émue de constater que je n'avais plus honte et que je ne ressentais pas le besoin de me justifier. J'ai

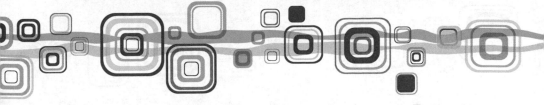

parlé de mes besoins et j'ai demandé un prêt, c'est tout. Et je suis fière de l'avoir demandé.

Si vous me dites que vous n'avez jamais honte, je vous invite à considérer les situations qui suivent. Elles peuvent faire jaillir la honte à n'importe quel moment de votre vie, sans que vous vous y attendiez...

- Honte d'être malade ou d'avoir une récidive.
- Honte de ne pas percer dans un domaine malgré un talent immense.
- Honte d'être gourmande.
- Honte de prendre trop de place.
- Honte d'être marginale.
- Honte de ne pas arriver à atteindre ses objectifs (tenir la maison propre, apprendre l'anglais, aimer sa belle-mère, etc.).
- Honte d'être célibataire.
- Honte de vivre en appartement.
- Honte d'avoir enduré de la violence pendant des années.
- Honte d'avoir des dettes.
- Honte de ne pas avoir son permis de conduire.
- Honte d'être aux prises avec une dépendance.
- Honte de s'être fait avorter.
- Honte de procrastiner.
- Honte d'être qui on est.

Pour vivre une vie où la honte est une fois pour toutes *persona non grata*, il faut arroser tous les soirs nos petites pousses de fierté, qui auront tôt fait de prendre racine dans l'être formidable que nous sommes. Ces petites pousses se métamorphoseront peu à peu en un solide chêne qui nous offrira une assurance inébranlable jusqu'à la fin de nos jours.

La couverture extérieure de mon cahier de fiertés. ☺

Je ne suis pas féministe

Quand j'entends une femme dire «je ne suis pas féministe», peu importe ce que je suis en train de faire j'arrête tout et je vais lui parler en privé. Je lui demande si elle est pour l'équité salariale. Elle me répond oui. Je lui demande si elle trouve normal qu'il y ait un partage des tâches équitable au sein d'un couple avec enfant(s). Elle me répond oui. Je lui demande si elle accepterait d'être dévalorisée ou reléguée au second rang juste parce qu'elle est une femme. Elle me répond : «Jamais!» Je lui demande si elle a remarqué que plus on monte dans la hiérarchie, plus on s'approche du pouvoir, moins il y a de femmes. Je lui demande si elle trouve normal que les femmes soient majoritaires dans l'enseignement primaire et secondaire, mais que ce soit l'inverse au cégep et à l'université. Elle me répond que non, ce n'est pas normal. Je lui demande si elle sait ce qu'est le *double standard* et, si elle me répond non, je lui explique que c'est un geste, une attitude, une caractéristique qui est applaudie chez un homme, mais méprisée chez une femme. Des exemples?

- Un homme a des cheveux gris : c'est signe de maturité. Une femme a les cheveux gris : elle se laisse aller, elle pourrait prendre soin d'elle davantage.

- Un homme se fâche en réunion : il a des couilles, on le respecte. Une femme se fâche en réunion : elle est hystérique, elle doit être «dans sa semaine», c'est une «crisse» de folle.

- Quelqu'un entre chez un couple qui vient d'avoir un bébé et ça sent la couche pleine. Il ne dira pas : « Ouf! Olivier ne sait pas tenir maison! » Il va plutôt juger sévèrement Marie-Ève en disant qu'elle n'a pas d'allure et qu'Olivier fait donc pitié d'être en couple avec une femme si désorganisée.

- Une femme a la garde partagée de ses enfants une semaine sur deux et la question qu'elle se fait poser le plus souvent est : « Tu ne t'ennuies pas de tes enfants?! » Le sous-entendu derrière cette question : ce n'est pas normal qu'une mère de famille passe une semaine sans ses enfants. À l'inverse, un homme qui a ses enfants une semaine sur deux se fera offrir de la sauce à spaghetti par ses voisines et on l'encensera. On lui demandera : « Tu ne trouves pas ça difficile, une semaine tout seul avec tes enfants? Chapeau! »

- Une femme qui organise un événement important et qui a le malheur de donner un ordre se fera traiter de Germaine ou de *control freak*. Pour le même événement, on soulignera les qualités de leader de l'homme chargé de l'organisation.

- Une femme qui parle de ses ambitions de carrière trois mois après avoir accouché se fera traiter d'ambitieuse sans cœur et on jugera son choix de retourner travailler. Un homme qui tient les mêmes propos suscitera l'admiration et on vantera ses qualités de pourvoyeur. On ne remettra jamais en question ses compétences parentales parce qu'il voit grand sur le plan professionnel.

Je pourrais vous donner des exemples de ce genre pendant des pages et des pages... Comment faire alors pour ne pas être « à boutte » chaque fois qu'on remarque ces inégalités? Il faut être consciente des inégalités et ne pas se comporter comme si elles étaient normales, quitte à se faire traiter de féministe frustrée! Il faut surtout célébrer les victoires et remarquer le progrès accompli. Pour ce faire, je recommande fortement à toutes les femmes de lire

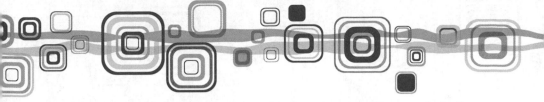

l'ouvrage *L'histoire des femmes au Québec depuis quatre siècles*[3]. Ce collectif indispensable est facile à lire, bien écrit et bien documenté. Je l'ai d'ailleurs offert à toutes les jeunes femmes de ma famille! C'est primordial de savoir d'où on vient si on veut réussir à aller où on veut.

Vous ne serez donc pas surprises d'apprendre que, pour moi, le 8 mars est une journée importante. Pour conclure, voici le texte que j'ai publié sur ma page Facebook à cette date et pour lequel j'ai reçu des centaines de commentaires.

En ce 8 mars, Journée internationale des femmes, je tiens à vous écrire ce petit mot. Sur la première photo, vous voyez ma fille Madeleine tenir le trophée que son équipe d'impro vient de gagner dans le cadre d'un tournoi à Longueuil. Elles étaient une dizaine d'équipes du collégial à y participer. J'ai rarement manqué les matchs d'impro de ma fille et je suis souvent le seul parent assis dans la salle.

---

3.   Le collectif CLIO, Le Jour, 1992.

Regardez l'autre photo et vous remarquerez qu'elles sont quatre filles dans leur équipe. Pour moi, c'est tellement émouvant et extraordinaire que j'ai eu du mal à les photographier, car j'avais les yeux pleins d'eau. Pour que vous compreniez mieux mon état émotif, je dois vous raconter ma petite histoire... Sur la troisième photo, c'est moi à l'adolescence. J'étais une maniaque d'impro! Le dimanche, je ne ratais jamais les matchs de la LNI[4] diffusés à la télévision. J'étais la capitaine de l'équipe d'impro de la Maison des Jeunes de Boucherville et, à l'époque, c'était tout un exploit, car cette activité était principalement pratiquée par des gars. Il y avait peu de filles et on leur attribuait toujours les rôles typiquement féminins (la ménagère, la mère de famille, etc.). J'ai beaucoup souffert de ce *double standard* et je ne me gênais pas pour le dire. Ce soir, quand ma fille a remporté l'étoile d'excellence du match en plus de la victoire, avec son équipe, j'ai compris quelque chose : en trente ans, les mentalités ont beaucoup changé et une situation que

---

4.   Ligue nationale d'improvisation.

je n'aurais jamais crue possible à l'époque venait de se concrétiser sous mes yeux. Alors, quand une situation est injuste, voilà la preuve qu'il faut garder espoir… Il faut donc non seulement croire à l'égalité des sexes, mais aussi faire prendre conscience aux gens autour de nous que telle ou telle situation est inacceptable. C'est ce que j'ai toujours fait, c'est ce que ma mère a toujours fait et, maintenant, je vois mes filles faire de même à leur tour.

Au-delà de ma petite histoire personnelle, j'aime savoir que nous sommes nombreuses, à l'échelle mondiale, à dénoncer pour faire avancer la cause des femmes, afin que nous puissions vivre un jour dans un monde où l'égalité ne sera plus une préoccupation mais une réalité. J'ai été élevée par une mère féministe qui regardait tous mes manuels scolaires et plaçait des signets aux pages où elle trouvait un énoncé sexiste. Je devais ensuite aller montrer lesdits passages au directeur de mon école. En deuxième année du primaire, je ne savais même pas ce que le mot « sexiste » signifiait…

J'ai été élevé par une mère militante, parce qu'elle était éduquée et qu'elle avait été sensibilisée à cette cause. Lucie St-Cyr, tu es *hot* et je te remercie de m'avoir transmis tes valeurs ! Je suis moi

aussi féministe depuis toujours. Je suis pour la cause des femmes, je connais l'histoire des femmes, j'aime et j'admire les femmes, j'écris et travaille pour les femmes. Je suis une mère, bientôt mère-grand et, jusqu'à ma mort, c'est la mission que je me donne : utiliser mon talent, mon humour, mes observations, mon cœur et ma sensibilité pour allumer une petite flamme dans les yeux des femmes que je croiserai. Une flamme qui leur donnera envie de se tenir debout, de se choisir, d'avancer, d'argumenter, de vivre avec un grand F.

En ce 8 mars, prenez le temps de penser à ce changement important qui a eu lieu en trente ans et dites-vous que c'est grâce à toutes celles qui osent, toutes celles qui vibrent, toutes celles qui veulent un monde égalitaire.

Je vous aime, je NOUS aime.

Un été comme je l'aime

J'ai quarante-sept ans. J'ai donc vécu quarante-sept étés. J'en ai passé quelques-uns en couche (quand j'étais bébé), d'autres en camping, et d'autres en étant souvent en punition parce que l'été, tout le monde le sait, c'est éprouvant pour les mères de famille qui côtoient plusieurs enfants vingt-quatre heures sur vingt-quatre (surtout à cette époque où les camps de jour n'existaient pas). J'ai passé des étés à jouer, d'autres chez ma tante Ghislaine à faire de l'équitation. J'ai passé des étés d'adolescente à me tenir au bord de l'eau, le soir, avec ma gang. J'ai passé des étés à garder, à faire du bénévolat aux Floralies de l'île Sainte-Hélène... puis, quand je suis devenue mère, j'ai passé des étés enceinte ou avec un bébé aux couches. J'ai passé des étés à travailler ou à m'inquiéter du peu de contrats qu'on m'offrait. J'ai passé des étés célibataire, en couple, en déménageant, en construisant une nouvelle famille et en famille recomposée. J'ai passé un été malade, quelques étés à compenser le fait que j'ai été très absente le reste de l'année (quand j'ai travaillé à Ottawa pendant trois ans), et un autre à essayer de me trouver du travail (en 2013). Perdre un gros contrat au mois d'avril, ça signifie aussi chercher de la job l'été. C'est faisable, mais c'est très préoccupant.

En ce début d'été 2014, le 2 juillet plus précisément, je passe le premier été de ma vie complètement libre. Libre de peurs, de préoccupations, d'obligations. J'ai de l'argent de côté pour les mois de juillet et d'août. Madeleine aura dix-huit ans et les enfants de mon

chum sont autonomes. Je suis au chalet depuis quelques jours, seule avec les deux plus jeunes de Cœur Pur, âgés de treize et neuf ans. Pas de téléphone ni de cellulaire, pas de télévision, pas d'Internet. Pour prendre mes messages, je vais au village tous les deux jours, car il y a une cabine téléphonique.

On rigole, on joue aux charades, on se baigne dans le lac, je leur lis à voix haute des passages de mes nombreux livres pendant qu'ils font la vaisselle, on va s'acheter des bonbons au dépanneur, je leur fais des recettes qu'on prend en photo, on écoute des films le soir sur mon ordi (des films à MON goût, que j'ai empruntés à la bibliothèque). Le jour, ils jouent aux cartes et moi je lis, j'écris, je profite de la vie à cent pour cent.

Me baigner dans le lac souvent, longtemps, même le soir. Nager jusqu'à minuit avec les étoiles qui éclairent ma peau, la lune qui me surveille et l'eau qui m'enveloppe. Ne plus discerner l'eau du lac qui mouille mes joues des larmes salées du bonheur. Savoir que, demain, je vivrai le même bonheur, qu'il pleuve, qu'il vente ou qu'il grêle, parce que, dans l'air, la paix de mon cœur flotte en permanence. La paix d'avoir enfin atteint cet état-là. Celui où je suis heureuse, tout simplement, sans aucune raison. Pas parce que je viens de tomber amoureuse, de décrocher un contrat ou d'accoucher. Heureuse parce que je suis *moi*, jour et nuit, été comme hiver. Confiante et libre. Heureuse parce que je savoure chacun de ces moments avec la pleine conscience qu'ils ne repasseront plus et qu'il est agréable de les étreindre, ce qui est très difficile à accomplir quand on en a plein les bras. Étreindre du regard une libellule qui se pose sur mon bras, le calme plat du lac par une chaude journée sans vent, un enfant qui éclate de rire, un bon livre...

Étreindre ce qu'il y a là, maintenant. Penser à ce qu'il y a eu avant, à ce qu'il y aura après et être en paix. Même si on ne sait pas ce qu'il y aura après, à part le bonheur.

Un été magique comme je n'en avais jamais vécu. Aucune autre obligation que celle de me créer un été comme je l'aime et d'y arriver en ayant la certitude que ce sera le premier d'une longue série.

À l'âge de quinze ans, j'ai lu un livre parce qu'il traînait sur la table de chevet de ma mère : *Solitude face à la mer* d'Anne Morrow Lindbergh. L'auteure, mère de cinq enfants, va chaque année faire une retraite dans une petite bicoque près de la mer. Elle y ramasse des coquillages, réfléchit à la vie et consigne ses pensées dans un journal. Je me souviens qu'à cette époque, je n'avais pas trop compris le *trip* d'aller passer quelques jours enfermée dans un *shack*, sans moyens de communication, à contempler le sable et la nature. Je me disais que cette femme avait du temps à perdre. Je ne comprenais pas non plus de quoi elle se plaignait. Cinq enfants, une vie de fou qui n'arrête jamais, pas une minute pour soi, se perdre de vue... ça ne signifiait pas grand-chose pour l'adolescente que j'étais. Trente ans plus tard, je relis ce livre et découvre un lien fascinant entre les propos de cette femme et les miens. C'est à mon tour de m'exiler dans un *shack* au fond des bois... Et je me trouve chanceuse de pouvoir avoir accès à cette liberté estivale.

Je saute dans mon gros camion de campagne pour aller à la petite épicerie du village (faut bien que ça mange, ces enfants-là) et, au retour, je prends le temps d'arrêter à la boulangerie pour saluer ma belle Caroline, chez qui je vais de temps en temps squatter Internet. Je ne l'ai pourtant vue que trois fois dans ma vie, mais elle fait partie des belles rencontres. J'ouvre la porte de la boulangerie, on crie de joie. Elle me présente en photo son premier petit-fils, qui vient de naître.

Rire avec elle un samedi après-midi à la campagne, le premier jour de l'été. Payer mes brioches, l'étreindre et partir.

Entrer dans ma voiture. Rouler les derniers dix kilomètres jusqu'au chalet. Par les fenêtres ouvertes, entendre les oiseaux chanter, entendre mon cœur vibrer de bonheur et me dire :

— Je suis une vraie fille de la campagne…

Façon de vivre, façon d'être. Aimer les gens, parler aux gens. Savoir que la vie a continué, qu'un enfant est né, qu'une femme est devenue grand-mère. La campagne, avec tout ce qu'elle promet, tout ce qu'elle permet. Le temps qui n'est plus le même, la vie, la vraie vie comme je l'aime. Un été parfait.

Sur mon lac.

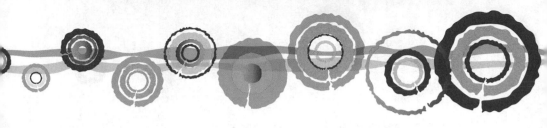

J'ai quelque chose à me dire

Lundi matin. Je me lève et prépare mon thé, comme d'habitude. Puis je m'installe dans mon La-Z-Girl et j'écris à la main mes trois pages du matin, comme d'habitude. Lorsque j'ai terminé, contrairement à mon habitude, je prends une nouvelle page et commence à écrire ceci :

Ce matin, j'ai une demande un peu spéciale à te faire, Marcia. Pas un service, pas une demande de subvention ni une demande en mariage, non. Je n'en avais jamais ressenti le besoin jusqu'à maintenant, mais, aujourd'hui, je dois te demander pardon.

Je te demande pardon de t'avoir traitée durement, d'être demeurée parfois longtemps dans des situations qui ne te respectaient pas parce que je croyais qu'on ne méritait pas mieux et que j'étais paralysée, incapable d'avancer. Je te demande pardon d'avoir trop souvent accepté qu'on passe en dernier, en me disant « c'est pas grave ». Je te demande pardon, ma belle, de ne pas avoir pris tes idées, tes projets, ton enthousiasme au sérieux. Je t'ai souvent rabaissée, j'ai essayé de te faire croire que tes projets n'avaient pas d'allure... Et j'ai réussi.

Réussi à te faire croire que tu devais mettre de côté tes idées, tasser la flamboyante personne que tu es parce que tu prenais trop de place, parce que tu dérangeais, parce que tu ne faisais rien comme les autres.

Justement, rien comme les autres, parce que tu savais être toi. Je te disais « tais-toi » au lieu de te dire « tu es toi et c'est merveilleux ». Pour tout ça, je te demande pardon.

Toutes ces fois où j'aurais dû t'écouter, où j'aurais dû t'encourager, où j'aurais dû t'accompagner… Toutes ces fois où j'aurais dû te backer au lieu de te regarder trébucher, où j'aurais dû te faciliter la vie au lieu de te laisser affronter les difficultés… Je me disais : « Elle va comprendre et entrer dans le moule si c'est trop difficile. » Mais c'était mal te connaître… Aujourd'hui, je pleure en repensant que j'ai fait exprès de ne pas te donner le coup de main, le soutien et le matériel dont tu aurais eu besoin pour accomplir ce dont tu te savais capable. J'aurais voulu que tu sois autrement, je ne t'ai jamais aimée à cent pour cent. Tous tes projets, cette vitalité et cet enthousiasme qui t'habitent, ta façon de faire, si spéciale, si différente et si… admirable.

Je te demande pardon d'avoir voulu te ramener sur terre, plutôt que de t'avoir laissée flyer là où il n'y a pas d'obstacles, là où on peut s'élever, grandir, déployer ses ailes à l'infini. Je ne voulais pas admettre que tu savais voler. Je préférais te dire que tu n'en étais pas capable, alors que je savais très bien qu'à ce chapitre tu pouvais m'en apprendre.

Je te demande pardon de t'avoir fait douter, d'avoir jeté des chaudières d'eau froide sur ta belle flamme, si grande qu'elle pouvait réchauffer la terre entière. J'avais peur de me brûler si je t'approchais de trop près, alors j'ai voulu t'éloigner de moi, jusqu'à te perdre de vue. Pardon d'avoir mis sur ton chemin des gens qui allaient tout faire pour t'éteindre. Ils ne t'ont peut-être pas nui, mais ils ne t'ont pas tellement aidée non plus.

Maintenant que tout cela est dit, maintenant que je me suis libérée de ce poids, je passe à l'étape suivante, la réparation, étape sans laquelle ma demande de pardon serait incomplète. En guise de réparation, je tiens à te faire la promesse suivante…

Je promets d'être là, admirative et bienveillante, pour le reste de tes jours. Je promets de t'offrir ce qu'il y a de mieux pour te propulser, t'accompagner et te faire rayonner. Je promets de soutenir celle que tu es et d'admirer ton unicité, ta différence et ta beauté. Je promets de te protéger des gens et des situations qui pourraient t'être néfastes. Je promets d'être ta plus grande fan, d'être toujours là pour toi, vingt-quatre heures sur vingt-quatre, et de combler tous tes besoins, que ce soit sur le plan psychologique, matériel ou spirituel, afin que tu puisses déployer tes ailes comme tu as toujours rêvé de le faire. Crois-moi, tu seras émue de constater à quel point je suis capable de « réparer ». Sans moi, tes quarante-huit premières années de vie ont été plus difficiles, c'est vrai, mais, si tu m'accordes ton pardon, prépare-toi, les cinquante prochaines seront au-delà de tout ce que tu peux imaginer.

J'attends ta réponse avec impatience...

Signé : La partie repentante de nous deux

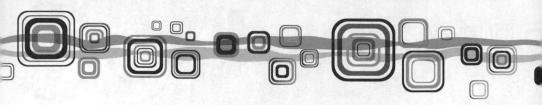

Territoire occupé

Parfois, on me pose une question et je ne connais pas la réponse...

Parfois, je me pose moi-même une question et je ne connais pas la réponse...

Dans ces cas-là, je me réponds : « Je ne la connais pas... encore ! »

Parce que je sais que je vais la connaître un jour. La période avant d'y arriver, celle de l'incertitude, du flou, est une période extrêmement difficile, parce qu'on n'a pas appris à bien la vivre.

On ne sait pas ne pas savoir.

Moi, je l'ai appris. Et, lorsqu'on parvient à se mettre « en mode attente », qu'on n'ouvre pas la porte à l'inquiétude, au doute ou à la peur, la vie nous récompense en nous donnant LA réponse, celle qu'on attendait depuis longtemps, celle qui convient parfaitement aux demandes qu'on a envoyées dans l'Univers.

Ce principe, je l'applique à cent pour cent. Aujourd'hui, je maîtrise parfaitement le lâcher-prise et je peux affirmer que, si vous le maîtrisiez aussi, vous auriez TOUJOURS la bonne réponse, au bon moment, de la part des bonnes personnes. Le jour où vous

consentirez à vous mettre « en mode attente » ou « réception », vous aurez l'impression qu'on vous retire une tonne de pression des épaules. À la place, nous avons tendance à vivre dans un tourbillon, à nous activer afin d'être toujours « en mode occupé ». Pourquoi? Pour nous occuper, justement. Mais, pendant ce temps, notre vie passe à côté de nous sans que nous puissions la goûter, la vivre ou la ressentir. Nous sommes trop occupées à courir, à bouger, bref trop occupées à nous occuper.

C'est plutôt de nous-mêmes qu'il faudrait nous occuper, du moment présent, de notre peine, de notre joie, de nos désirs, de nos blessures, de nos guérisons. Il nous faut laisser tomber nos masques, laisser chanter la vie à tue-tête et non plus en sourdine comme nous l'avons fait pendant tant d'années. Comprendre que notre espace doit être occupé par *nous* d'abord et avant tout, mais sans guerre. Avoir la vigilance d'une guerrière qui défend son territoire et qui sait que, si elle cède, si elle capitule, sa vie sera remplie d'amertume et de déceptions. Si nous réapprenons à vivre, autrement, comme nous le savons et comme nous le sentons, eh bien nous saurons à ce moment-là que nous aurons eu raison d'attendre la réponse, car la réponse viendra. Nous saurons aussi qu'il faut cesser de demander à tout le monde :

— Qu'est-ce que tu ferais à ma place?

Parce que des conseils, vous en aurez des dizaines, mais ce sera les réponses de vos amies, de vos parents, de vos collègues, et elles seront élaborées à partir de *leur* bagage personnel, de *leurs* peurs, de *leurs* conditionnements, pas des vôtres.

Quand on a besoin d'un éclairage efficace sur une situation, la première personne à qui on devrait demander conseil, c'est soi. Pour ce faire, il est suggéré d'implanter des rituels pour se donner rendez-vous quotidiennement. Dans son livre *Techniques de visualisation*

créatrice[5], Shakti Gawain propose de se construire un sanctuaire intérieur, un endroit imaginaire où on se retire mentalement pour écouter les réponses de notre intuition.

Mon sanctuaire est le même depuis vingt-cinq ans, à l'exception des escaliers roulants que j'y ai ajoutés (virtuellement, vous l'aurez compris) depuis que j'ai été opérée du dos. Je m'y retire plusieurs fois par mois pour recevoir les réponses aux questions que j'ai affichées sur mon grand tableau imaginaire (je les note aussi dans un vrai cahier). À chacune de mes visites, j'obtiens certaines réponses, parfois sous forme de sensations, parfois sous forme de confirmations, qui vont toujours au-delà de tout ce que j'aurais pu imaginer. Je pourrais écrire un livre de cinq cents pages regroupant toutes les réponses que j'ai obtenues avec cette méthode... En voici quelques exemples :

- Appelle donc telle personne...

- Va porter ton CV à tel endroit...

- Dis telle chose à ton médecin, demain, pendant ton rendez-vous...

- Attends encore deux semaines avant de faire tel geste...

- Va manger avec Ginette, la semaine prochaine...

- Écris un courriel à ta collègue...

- Demande de l'aide pour telle chose...

- N'aborde pas tout de suite ce sujet avec ta mère...

- Attends telle rencontre avant de donner ta réponse...

- *GO*, prends le téléphone et appelle !

---

5.   J'ai lu, 2003.

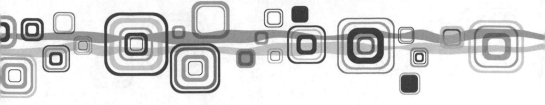

- Va donc cogner à telle porte...

Plusieurs admirent la discipline qui me permet d'arriver au lâcher-prise. Je vous fais une confidence : il n'est pas question de discipline, ici ; je parlerais plutôt de paresse. Le lâcher-prise me rend la vie tellement facile ! Je consens à attendre mes réponses, écoute les indications que je dois suivre, et, en échange, la vie m'offre les clés qui m'ouvriront les portes des meilleurs raccourcis, des meilleurs scénarios exempts de complications, de stress, de peur, etc.

Mais pourquoi si peu de gens empruntent-ils ce sentier s'il est plus simple et plus court ? Parce que peu de gens sont prêts à laisser entre les mains de la vie ce qui concerne la logistique, les directives et l'orientation à donner à une situation. On a été habitué trop longtemps à tout contrôler et à avoir des attentes par rapport à la façon de faire. On est convaincu de devoir suivre le chemin standard et connu, celui que tout le monde nous conseille, pour parvenir aux résultats escomptés.

Il faut donc beaucoup de constance pour maîtriser le lâcher-prise. La plupart des gens croient qu'en adhérant à ce principe, ils abdiquent, ils capitulent, ils abandonnent, ils jettent l'éponge pour ne plus avoir à faire d'efforts. C'est tout le contraire. Il y a beaucoup d'efforts derrière le lâcher-prise, mais on ne *force* rien, voilà toute la différence. On met de côté nos attentes par rapport au « qui, quoi, comment, où et quand » et on laisse toute la place à notre désir que notre but soit atteint.

Le moteur du lâcher-prise est le « non-agir », un des principes de la philosophie taoïste. J'ai lu une cinquantaine de livres sur ce principe et l'extrait suivant le résume très bien :

> « Le non-agir ne signifie pas ne pas agir, mais agir au contraire avec fluidité et en cohérence sans même penser à agir. Engager l'action naturelle qui s'impose à soi ou à la situation, cette action ou décision qui permet de déployer le moins d'énergie possible avec

l'efficacité maximale. Le taoïste ne sera jamais contre les forces de la nature qui s'expriment, mais toujours avec elles ou pour elles.

— Le marin travaillera avec le vent.

— Le surfeur glissera avec la vague.

— L'agriculteur cultivera avec les saisons[6]. »

Saviez-vous que les moines taoïstes commencent leur formation par dix ans de travaux ménagers peu gratifiants ? Ça calme leur ego... Dans son fabuleux livre *Le virage*[7], le docteur Wayne W. Dyer explique à merveille ce qu'est l'ego et quels sont les six pièges qu'il veut nous tendre chaque jour. Je n'irai pas jusqu'à faire le ménage de ma maison vingt-quatre heures sur vingt-quatre pendant dix ans pour calmer mon ego, mais je peux envisager de vivre en mettant de l'avant cette philosophie, car je suis maintenant capable de déjouer les pièges tendus sur *mon* territoire. Je suis à même de l'occuper comme je le veux, en sachant ne pas savoir. C'est l'une des plus belles leçons qu'on peut maîtriser dans la vie.

---

6. Laurent CHATEAU, *La «Tao-entreprise»: performance globale et harmonie*, De Boeck, 2014, p. 134.

7. Guy Trédaniel Éditeur, 2011.

Communication 101

Si vous me demandiez ce qui constitue la base de toute relation harmonieuse, je répondrais : apprendre à communiquer. Et par communiquer, j'entends parler, raconter, s'exprimer. Je ne connais personne qui maîtrise parfaitement l'art de communiquer, pas même moi. Pour y arriver, on doit s'assurer de : 1) être intéressante ; 2) aller droit au but.

Depuis quelques années, j'observe mes amies, mes collègues, mes connaissances ainsi que les membres de ma famille et j'ai pu tirer plusieurs conclusions.

Généralement, quand on s'exprime, on donne souvent trop de détails, il y a des longueurs et notre propos manque de *punch*. Quand on parle à quelqu'un, on devrait toujours se poser deux questions : « Est-ce que ça l'intéresse ? » et « Est-ce que je me répète ? »

Je suis toujours surprise de constater à quel point la plupart de nos proches aiment nous raconter des histoires qui mettent en scène des gens qu'on ne connaît même pas. Belle-sœur, amie de la fille d'un tel, voisin, frère du boulanger... J'étais tannée de me sentir obligée d'endurer ça, alors j'ai pris la décision d'en faire part à l'autre. Maintenant, je dis poliment : « Puisque je ne connais pas la personne dont tu me parles, j'ai moins d'intérêt pour ton histoire. » Je croyais naïvement que ce genre d'intervention suffirait à éliminer de ma vie les récits ennuyants, mais je me suis vite rendu compte que ça

provoquait plutôt l'effet contraire : mes interlocuteurs me donnent encore plus de détails, comme pour me prouver que leur histoire est intéressante et qu'elle vaut la peine d'être écoutée.

L'an dernier, j'ai fait en voiture la route de Montréal jusqu'au Nouveau-Brunswick avec une personne que je connaissais peu. Je me disais que le long trajet serait une belle occasion d'échanger à propos de sujets intéressants. Je vous jure que, rendue à Québec, je n'en pouvais plus ! J'essayais de trouver un plan B, car je ne me voyais pas rouler encore des heures et « subir » des récits plates. Toutes les solutions qui me venaient en tête ne tenaient pas la route... Les voici :

- Demander à l'autre de faire le reste du voyage en train.

- Mettre la musique à tue-tête.

- Faire semblant d'être intéressée par ce que l'autre me raconte.

- Écraser des Gravol dans son café.

- Laisser l'autre conduire et piquer un somme.

- Lui laisser ma voiture et faire du pouce.

Après avoir envisagé sérieusement toutes ces options, j'ai décidé de choisir la voie la plus réaliste : communiquer mon malaise. J'ai pris mon courage à deux mains et j'ai expliqué à cette personne que ses récits mettaient en scène des gens que je ne connaissais pas, qu'ils étaient remplis d'anecdotes superficielles et que, de ce fait, ils me plaçaient dans une situation désagréable. Je lui ai dit que j'aimerais qu'on profite plutôt de ces moments pour échanger à propos de la vie, de nous-mêmes, ou tout simplement pour rouler en silence. Je lui ai avoué que, quand elle monologuait de la sorte, je décrochais complètement. Je ne suis pas allée jusqu'à révéler que j'avais l'impression d'être prise en otage, que je ne me sentais pas respectée, mais je croyais qu'après que je lui aurais confié tout cela, on pourrait poursuivre dans une autre direction. Eh non ! Les récits ennuyants ont continué de plus belle. À un moment donné, je ne

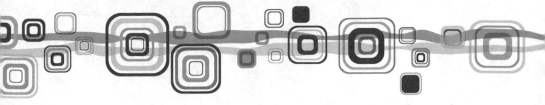

me suis pas gênée pour mettre de la musique et me réfugier dans ma bulle. Sur le chemin du retour, j'ai de nouveau constaté qu'une mauvaise habitude ancrée depuis des années ne peut pas disparaître en quelques jours...

Après cet épisode de prise d'otage routière, je n'ai plus jamais été capable de supporter une situation semblable. Je n'ai pas à endurer ça. Imposer à quelqu'un une anecdote à propos de gens qu'il ne connaît pas, c'est intrusif et irrespectueux. J'irais même jusqu'à dire qu'il s'agit d'une agression et d'un manque flagrant de savoir-vivre. Pourtant, combien de beaux moments sont gâchés par un tel comportement? Plusieurs. Nous n'osons rien dire par politesse et nous allons même jusqu'à feindre l'intérêt par peur de blesser l'autre. Mais est-ce que la personne qui parle se demande si elle nous blesse? Est-ce qu'elle a à cœur de nous faire passer un bon moment en sa compagnie? Non.

Si je vais au restaurant et qu'une personne commence à raconter une anecdote interminable qui n'intéresse pas les convives, je ne me gêne plus pour changer de sujet. C'est parfois très difficile quand l'autre parle sans arrêt et que sa phrase ne comporte aucun point ni pause pour qu'il reprenne son souffle, mais je sais comment m'en sortir. Le truc? Poser une question qui s'adresse à tout le monde autour de la table et s'assurer que chacun donne son avis.

On a non seulement le droit mais le devoir de s'arranger pour qu'un échange soit satisfaisant pour les deux parties. Qu'est-ce qu'on fait quand nos tentatives échouent et que la discussion (pour ne pas dire le monologue) continue de plus belle? TOUT pour ne plus se retrouver dans une situation de ce genre. Même si ça signifie de devenir ultrasélective en ce qui concerne nos fréquentations! Pas le choix, c'est ça ou la prise d'otage!

Un «moron» dans mon salon

Avertissement: toute ressemblance avec des personnes existantes ou ayant existé est purement fortuite.

Je vous avertis d'emblée, j'ai écrit ce texte pour qu'on puisse rire ensemble de ces situations où nous nous sommes demandé: «QUESSÉ QUE JE FAIS EN COUPLE AVEC CE GARS-LÀ?!?»

Toute femme en couple depuis plus de dix ans a déjà eu un «moron» dans son salon. Qu'il s'agisse d'un Gilles, d'un Sylvain, d'un Stéphane, d'un Robert, d'un Gilbert, d'un Jean-François, d'un Peter ou de qui que ce soit d'autre, il lui aura donné un haut-le-cœur au moins une fois dans sa vie, parce qu'elle aura constaté que celui qui était son âme sœur, son trésor, son «pétard», s'est transformé en crapet épais...

- Le pantalon à plis bien pressé qu'il portait au début s'est transformé en pantalon de jogging molletonné.

- Les beaux chandails de laine qu'il revêtait (comme ceux de George Clooney dans ses films romantiques) se sont méta-morphosés en t-shirts élimés et troués.

- L'humour qui nous faisait tant rire et qui nous détendait n'est plus qu'une répétition de *jokes* plates apprises par cœur sur Internet.

- La délicatesse et le romantisme dont il faisait preuve au début sont devenus aussi rares que ses bas propres bien rangés.

- Son corps vigoureux et bien *trimé* a été remplacé par un corps balourd et poilu, attiré comme un aimant par le La-Z-Boy confortable. L'option repose-pied rétractable vient avec l'homme-qui-prend-ses aises-et-s'enfonce-automatiquement-la-main-dans-le-pantalon-pour-se-gratter-le-sachet.

- Dès que l'«animal» se place en position horizontale, ses habitudes nocturnes font leur apparition (péter, ronfler, parler dans son sommeil). Avant, il se gardait une p'tite gêne; maintenant, la gêne, c'est vous qui la vivez en l'observant pendant vos nuits d'insomnie.

Voilà pourquoi certaines d'entre vous ne veulent plus rien savoir d'être de nouveau en couple avec un homme! Après avoir vécu plusieurs épisodes de «moron» dans le salon, vous vous êtes promis de ne plus jamais endurer ce supplice. «PLUS JAMAIS!» entendrez-vous s'exclamer les Sylvie, Lise, Chloé, Marie, Debbie et Carmen de ce monde...

Au début, vous êtes motivée à faire en sorte que ça fonctionne. Vous voulez que votre homme vous trouve extrrrrraordinaire. Vous souhaitez être la première femme aussi équilibrée, aussi sensible, aussi «toute» qu'il rencontre. Vous voulez que ses *chums* de gars soient jaloux, qu'ils n'en reviennent pas que leur ami ait réussi à dénicher LA perle rare. Vous voulez qu'il soit incapable de dire de vous que vous êtes une «crisse» de folle, une contrôlante ou une hystérique, même quand vous ovulez, même quand vous auriez envie de péter une coche parce que l'étiquette du pot de mayonnaise n'est pas placée du bon côté dans le frigo.

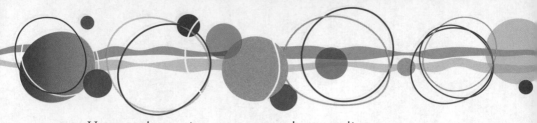

Vous voulez vraiment que votre homme dise :

– Je ne me suis jamais senti aussi bien avec une femme !

– Mais où te cachais-tu donc, chère âme sœur ?

– Je ne pensais pas que ça pouvait exister, une femme aussi parfaite !

Dans votre tête, vous pensez : « Justement, ce que tu vois de moi n'existe pas... Ce n'est pas la réalité. » Mais vous vous contentez de lui dire : « Je t'aime tellement ! »

Au début, vous remarquez les défauts de l'autre, mais vous développez une expertise en camouflage. Il fait des blagues sexistes dans un party et ça vous gêne ? Vous camouflez votre malaise en émettant un rire (forcé), l'air de dire : « Maudit qu'il est drôle, mon *chum* ! Quel boute-en-train ! » Puis vous l'embrassez furtivement sur la bouche pour qu'il se la ferme.

Il vous prépare un repas-surprise immangeable (une recette que son père lui a montré à faire quand il avait huit ans) et cochonne la cuisine au grand complet, au point où vous vous pétez presque la gueule en glissant sur la farine répandue sur le plancher ? Vous camouflez votre irritation et vous vous assoyez à table comme si de rien n'était en répétant que son repas est délicieux...

Il invite ses *chums* de gars lors d'événements tels que le Super Bowl, les séries de la LNH ou le débrouillage de la chaîne Prise 2, qui diffuse tous les épisodes de *Perdus dans l'espace* ? Vous courez à l'épicerie pour préparer un p'tit buffet aux *boys* : ailes de poulet, guacamole, côtes levées et Doritos virils à saveur de chambre de hockey. Gaver ainsi votre homme et ses amis vous réjouit, même si vous admettez que vous en faites peut-être un peu trop... surtout à vingt-trois heures, quand les gars sont partis, que votre *chum* ronfle dans le lit et que vous vous retrouvez avec une tonne de bouteilles

de bière vides qui jonchent le sol du salon, ainsi que des taches de guacamole sur vos beaux coussins.

Dans les premiers temps d'une relation, vous voulez vous faire aimer de votre belle-mère. Vous l'invitez souvent à la maison, vous la faites parler de son fils quand il était enfant, vous lui demandez de vous donner ses recettes préférées... Et, quand votre *chum* en profite pour aller jouer au golf afin de vous laisser entre femmes, vous l'accueillez avec le sourire à son retour et vous l'écoutez vous raconter sa journée. Récit plate entrecoupé des cris d'extase de la belle-mère (un peu pompette car elle a trop forcé sur le rosé), qui croit qu'elle a Tiger Woods devant elle.

Mais, après plusieurs années de relation, au moment où votre *chum* ira chercher son sac de golf, prendra son fer quatre pour vous mimer son meilleur coup et passera à deux centimètres du visage de votre belle-mère, dont le hurlement réveillera les enfants, là, c'est fort possible que le mot «MORON» vous vienne en tête. La première fois, c'est sans conséquence...

Jusqu'au jour où vous ne vous sentirez plus coupable de le penser. Ce jour-là, l'évidence vous frappera et vous vous direz :

«J'ai un "moron" dans mon salon.»

Je sais de quoi je parle, je l'ai vécu à maintes reprises...

Pour certaines d'entre nous, le simple fait de s'autoriser à le penser leur permettra de passer à autre chose, mais, pour d'autres, ce sera malheureusement le début d'une longue route qui conduira ledit «moron» à... la porte de sortie! Jusqu'à ce qu'un autre homme (futur «moron» en puissance) les fasse vibrer à son tour pendant un moment, pour ensuite se diriger lui aussi, inévitablement, vers la sortie... à moins qu'elles soient de celles qui se sont dit : «Plus jamais!»

Pour ma part, je ne veux jamais arriver à cette étape avec Cœur Pur, alors c'est simple : je n'ai pas de salon!

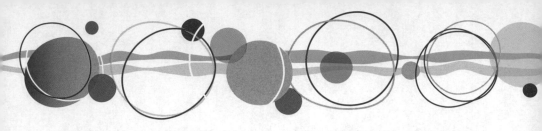

Pas de bonne humeur
le matin

J'aurais pu intituler ce texte « Y a des matins comme ça ». Vous savez, la phrase qu'on se dit quand on se lève du mauvais pied, que tout va de travers et qu'on a l'impression que l'univers entier conspire pour nous rendre la vie difficile ? On veut se faire une couette, on ne trouve que des maudites bobépines, tellement écartées qu'elles ne tiennent plus rien du tout… On prendrait bien une double ration de notre thé préféré, acheté au prix fort dans un salon de thé, mais, lorsqu'on ouvre la petite boîte de métal où il est rangé, on se rend compte que notre *chum* a décidé de la vider et qu'il n'y a plus aucune trace des précieuses feuilles. Les a-t-il fumées ? Jetées ? Infusées ? Quoi qu'il en soit, la boîte sert désormais de pot pour la monnaie…

On décide de prendre un bain, car ça nous détendrait avant la grosse journée qui nous attend. On ouvre les robinets, on vaque à nos occupations et, quand vient le temps de se tremper le gros orteil dans notre petite mare personnelle, on crie « j'en ai marrrrrrrrre », parce que l'eau est glacée, gracieuseté de l'ado qui a pris une douche d'une demi-heure et qui a vidé le réservoir d'eau chaude. Puisqu'on n'a aucunement envie d'un *Ice Bucket Challenge* aussi tôt le matin, on s'habille en se disant « adieu, détente ». On se rappelle qu'il reste du gâteau au chocolat de la veille et on songe qu'un bon gros morceau plein de crémage recréera l'effet relaxant que le bain aurait pu avoir

sur nous. On salive déjà en y pensant et c'est presque d'humeur joyeuse qu'on ouvre la porte du frigo… pour s'apercevoir que notre *chum* est parti avec ledit gâteau pour que ses collègues puissent apprécier les talents culinaires de sa blonde… Ce qu'il ne sait pas, c'est que la blonde en question a envie de hurler de rage, parce que non seulement elle ne peut pas prendre un bon bain relaxant, mais elle ne peut pas non plus manger ses émotions‼ Elle retournerait bien se coucher, mais son horaire ne le lui permet pas, alors elle va faire comme tous les matins : attendre que ça passe. Comme par magie, la mauvaise humeur s'en va à mesure que les heures s'écoulent. À dix heures trente, en général, elle n'est plus possédée par le « démon du matin » et elle peut enfin entamer sa journée avec sa joie de vivre contagieuse.

Certaines d'entre vous diront donc : « Y a des matins comme ça ! » Pour ma part, c'est plutôt : « Tous les matins sont comme ça ! » En me levant, j'ai juste envie de dire : « Sacrez-moi la paix, je veux être dans ma bulle ! » J'aimerais presque avoir la paix de moi-même, mais c'est scientifiquement impossible. Si je le pouvais, je me lèverais vers midi et je me coucherais vers deux heures tous les jours. Ce serait ça, mon *beat* de vie idéal ! Malheureusement, je ne vois pas le jour où je pourrai respecter mon biorythme…

J'envie les personnes qui se lèvent en chantant, comme ma mère, Lucie. Adolescente, je voulais me lever à midi, pendant les vacances scolaires, mais oh ! que c'était mal connaître ma mère ! « Il faut profiter de la journée et se lever tôt », disait-elle.

— Oui, mais il pleut dehors, m'man…

— Alors, c'est l'occasion de faire du ménage. Allez, ouste !

Tout ça avec le sourire et en sifflant en travaillant ! Chaque fois, je bougonnais en me disant que, plus tard, je ne forcerais jamais mes ados à se lever tôt en vacances. Est-ce que j'ai laissé les enfants de ma maison dormir le matin ? Oui, mais ç'a été difficile. Des ados

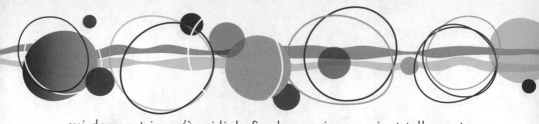

qui dorment jusqu'à midi, la fin de semaine, ça vient tellement me chercher! Est-ce que je suis envieuse? OUI! Je ne peux pas respecter mon biorythme, alors pourquoi eux le pourraient-ils?!? Je n'irais pas jusqu'à les réveiller en chantant, mais je dois avouer qu'à partir de dix heures trente, je fais plus de bruit pour troubler leur sommeil. Je brasse mes chaudrons (même si je n'ai aucune intention de cuisiner), j'augmente le volume de ma musique ou de la radio (surtout pendant les annonces agressantes), etc. Avant dix heures et demie, ils peuvent dormir autant qu'ils veulent, j'en suis même ravie parce que je ne suis pas «parlable» et que j'évite toute compagnie.

Quand je dois être en réunion à neuf heures, je me lève à cinq pour avoir le temps de défroisser ma peau et de m'enlever le pli que j'ai dans le front au réveil. Je me suis d'ailleurs souvent demandé pourquoi j'étais dans un tel état...

- Ce n'est pas parce que j'ai bu (je bois très peu).

- Ce n'est pas parce que je n'aime pas ma vie (j'ai toujours hâte au lendemain).

- Ce n'est pas parce que je n'ai pas envie de voir ceux qui partagent mon quotidien (j'aime vraiment tous les membres de ma famille).

- Ce n'est pas parce que je n'aime pas mon travail (ma vie professionnelle est variée, excitante et nourrissante).

Il n'y a pas de raison à ma mauvaise humeur. Je suis comme ça et je vais probablement mourir comme ça!

Si je pouvais choisir le moment de ma mort, ce serait le soir, car je quitterais cette terre d'humeur joyeuse en laissant un bon souvenir de moi aux autres. Je ne voudrais pas que la dernière image que mes enfants aient de moi soit celle d'une mère facilement irritable. Mais qu'est-ce qui m'irrite tant le matin? TOUT!

- Si tes céréales «crounchent» trop... PAS CAPABLE!

- Si, en plus, tu n'as pas le réflexe de fermer ta bouche... PAS CAPABLE !

- Si tu écoutes la radio et que j'entends un annonceur qui parle vite-vite-vite des bas prix de ses fenêtres thermiques... PAS CAPABLE !

- Si tu lis un journal papier devant moi et que tu le secoues toutes les deux minutes pour le défroisser... PAS CAPABLE !

- Si tu as un p'tit quelque chose de pris au fond de la gorge et que tu essaies de le déloger en émettant un son guttural... PAS CAPABLE ! Si en plus tu demandes à voix haute : « Ben voyons, veux-tu bien me dire ce que j'ai de "pogné" dans la gorge ?... » PAS CAPABLE !

- Si tu es troublé par le rêve que tu viens de faire et que tu as besoin de me le raconter pour passer à autre chose... PAS CAPABLE !

- Si tu entres dans ma bulle pour me parler et que ton haleine de café chatouille agressivement mes narines... PAS CAPABLE !

- Si tu commentes à voix haute les nouvelles à la télévision ou, pire, si tu me demandes mon avis pour lancer un débat... PAS CAPABLE !

- Si tu écoutes *Salut, Bonjour!* et que tu as le malheur de rire à gorge déployée après un jeu de mots « poche » de Gino Chouinard... PAS CAPABLE !

- Si tu coupes frénétiquement huit variétés de légumes pour ton lunch, parce que c'est aujourd'hui que tu commences à manger santé et que ton enthousiasme te pousse à varger sur la planche avec ton couteau... PAS CAPABLE !

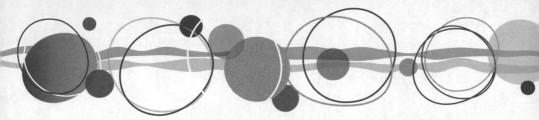

Le problème, c'est que mon *chum* a un biorythme à l'opposé du mien. Souvent, quand je me réveille, il vient s'asseoir à côté de moi dans le lit, un jus d'orange à la main. Je vous entends penser : « Wow ! C'est donc bien romantique ! » Faux ! Quand ce que tu souhaites le plus au monde en te levant, c'est de ne parler à personne, tu te sens vraiment méchante de rejeter ton *chum* qui est impatient de te voir parce que ça fait trois heures qu'il est levé et qu'il a déjà plein de choses à te raconter. Ma tactique hypocrite pour m'en sauver ? Je reste au lit en faisant très attention de ne pas bouger. Je ne vais même pas à la salle de bains, même si j'ai envie, car, si je fais un seul petit bruit lui signifiant que je suis réveillée, je suis assurée d'entendre un « bonjour, chérie ! » dans les secondes suivantes.

Si j'écris ce texte, ce n'est pas pour me plaindre mais plutôt pour revendiquer le droit d'avoir la paix, le matin. Ainsi, j'espère que toutes celles d'entre vous qui sont comme moi cesseront de se sentir mal. Les gens qui se couchent à vingt et une heures et se lèvent en chantant, est-ce qu'on va leur raconter nos projets ou leur porter un dessert dans leur lit, lorsqu'ils sont sur le point de s'endormir et dans un état second ? Non, on respecte leur sommeil ! Ils ont bonne presse, on dit que ce sont des personnes « organisées », des personnes qui profitent de la vie, qui sont normales et qui ont de l'avenir... On dit que l'avenir appartient seulement à ceux qui se lèvent tôt...

Nous, les non-matinaux, on nous accuse d'avoir mauvais caractère, d'être paresseux ou de mauvaise foi. Ce qu'il faut comprendre, c'est que, même si on prend des gélules, des granules ou n'importe quelle petite pilule, on n'arrivera jamais à sourire entre sept heures et dix heures trente, le matin.

Tout ce qu'on veut, c'est la paix.

Est-ce trop demander, TABARN...?!?

P.-S. : Ce texte a été écrit dans mon lit, avant que je me lève ! ;-)

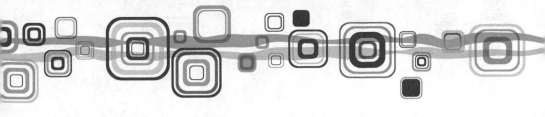

Ados au lit

Les enfants de mes amies commencent à être des ados et la question qu'elles me posent le plus souvent est la suivante : « Marcia, est-ce que tes ados invitent leur *chum* (ou leur blonde) à coucher à la maison ? »

- Absolument pas, c'est interdit !

Vous devriez voir l'expression de terreur sur leur visage, comme si j'étais la pire mégère de l'histoire.

Au départ, mes amies pensent que j'ai instauré cette règle stricte parce que :

- Je suis puritaine et je ne veux pas que mes enfants et ceux de mon *chum* aient une vie intime. Ce n'est pas le cas.

- J'ai une petite maison et il n'y a pas de place pour plusieurs couples. Ce n'est pas le cas.

- Je n'aime pas les ados et je fais tout pour ne pas les voir sous mon toit. Ce n'est pas le cas.

- Je suis sévère et j'ai des principes auxquels je ne déroge pas. Ce n'est pas le cas.

- Je veux brimer mes enfants, leur rendre la vie difficile pour qu'ils ne «collent» pas à la maison jusqu'à l'âge de trente ans. Ce n'est pas le cas.

- Je suis frustrée sur le plan sexuel et, inconsciemment, je veux que mes ados le soient aussi. Ce n'est pas le cas.

La seule et unique raison pour laquelle j'ai instauré cette règle, c'est que je veux que mes ados aient une vie sexuelle épanouie une fois rendus adultes.

À quatorze, quinze ou seize ans, les jeunes en sont à l'étape de l'exploration sexuelle. Ils doivent apprendre à se connaître, à connaître leur corps et, pour ça, ils doivent expérimenter, stimuler et attiser leur désir. En d'autres mots, ils ne sont pas prêts, mentalement, psychologiquement ni physiquement, à vivre une sexualité d'adulte. La sexologue Marie-Paule Ross le confirme dans son livre *Sexualité des jeunes: petit manuel pour les parents*[8] : aucune fille de moins de seize ans n'est prête pour la pénétration.

Permettre aux ados d'inviter leur *chum* ou leur blonde à dormir à la maison, c'est leur offrir un contexte d'adulte, pour qu'ils vivent une sexualité d'adulte. Quand on est adulte, on dispose d'un lieu physique en couple. À l'adolescence, on dispose d'un lieu physique en famille, car on est l'enfant de la maison, et ce, même si on a seize ans. Nos parents forment le couple de la maison. Si nos parents sont séparés et qu'ils ne sont pas en couple, il n'en demeure pas moins que notre père ou notre mère est l'adulte. Puisqu'ils vivent avec un parent séparé sans conjoint, plusieurs ados pensent être leur coloc et avoir les mêmes droits, ce qui ne devrait pas être le cas...

J'ai souvent dit à mes amies qu'il serait beaucoup plus facile d'abdiquer et de permettre à mes filles d'inviter leur *chum* à dormir

---

8.   Fides, 2012.

à la maison que d'argumenter avec elles. Mais je crois sincèrement que mon rôle de mère va jusque-là et implique que je passe plusieurs heures à leur parler de l'importance des caresses, et du respect des étapes physiques et psychologiques qui mènent à un épanouissement sexuel à long terme. Et ce, même si je dois expliquer à leur *chum* qu'il y a d'autres options que la pénétration et que le cunnilingus n'est pas une île grecque!

Quand j'étais ado, mes parents nous interdisaient, à mes sœurs et à moi, d'inviter des garçons dans le sous-sol familial. J'étais assez dégourdie et, même si je tenais à respecter les règles de la maison, je n'étais pas du genre à me priver de ce qui me procurait du plaisir. Je garde d'excellents souvenirs de ces soirées à *frencher* dans un parc ou dans un party. Nous avions les joues (et le corps!) en feu, mais nous en restions là. Ces premières expériences ont laissé une empreinte sur mon corps et mon âme. Une empreinte de plaisir, de désir, une belle énergie, douce et saine, qui me transporte comme une vague chaque fois que mon corps se retrouve dans cet état d'abandon amoureux.

Si je parle de tout ça, c'est pour que vous sachiez que vous avez non seulement le droit, mais le devoir, selon moi, de jouer votre rôle de parent, même lorsque ça concerne la vie sexuelle de vos enfants. Ils vous en voudront certainement sur le coup, mais, à long terme, ils vous en seront reconnaissants.

Prendre mon temps

Je ne pourrais jamais apprendre à quelqu'un à tricoter, à peindre, à chanter, à jardiner ou à faire de la rénovation, mais il y a quelque chose que je maîtrise depuis très longtemps : je sais parfaitement comment vivre une relation satisfaisante avec le temps. Je n'ai pas de mérite, car je crois que c'est inscrit dans mes cellules. J'aimerais tant pouvoir transmettre ce merveilleux « pouvoir » à la terre entière !

Je n'ai AUCUN souci relativement aux horaires de fou, au tourbillon du quotidien ou à la constante course contre la montre que vivent la plupart des gens. S'il y a une chose que je sais bien faire dans la vie, c'est PRENDRE MON TEMPS (et pas juste le dimanche). Que je sois dans un *rush* le lundi, entre cinq réunions le mercredi, débordée le jeudi ou avec de la broue dans le toupet le vendredi, vous ne m'entendrez jamais dire « je vais manquer de temps » ou « je ne sais pas comment je vais faire pour y arriver ».

Est-ce parce que je n'ai pas d'obligations ? Pas de délais serrés à respecter ? Pas de réunions urgentes ou d'enfants malades dont je dois m'occuper ? Pas du tout, j'ai tout ça et plus encore. Mais, curieusement, il y a un phénomène que j'ai peine à expliquer et je vais *prendre le temps* d'essayer de le faire sur papier. J'aimerais temps (oups, tant !) que vous puissiez goûter à ça vous aussi. J'ai avec le temps un rapport vraiment unique, magique et fantastique. En aucune circonstance, je ne laisse le stress prendre le dessus sur mon horaire. Rien ne me fait stresser, car je sais que tout va toujours s'arranger et

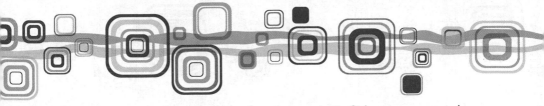

souvent mieux que ce que je n'avais imaginé. Cela est encore plus vrai dans les périodes où je serais en droit de dire : « Heille, wôôôô ! Ça n'a aucun sens, je n'y arriverai jamais ! Comment pourrais-je aller en tournage en Estrie le matin, être à Granby l'après-midi, remettre cinq chroniques à mon éditrice le lendemain et cuisiner pour huit personnes pour le souper ? » Sans parler de trouver du temps pour lire, faire mes pages du matin, me laver, me maquiller et aller à la piscine ! Ne vous en faites pas, ce n'est pas une journée type de mon quotidien, mais je peux vous dire que ça m'arrive souvent. Il y a même eu des périodes, pendant dix ans, où un bébé et une préado s'ajoutaient dans le portrait.

Alors, comment se fait-il que je n'aie jamais « capoté », que je n'aie jamais été complètement à bout ? Que je n'aie jamais trouvé ça lourd, comme gestion ?

Parce que je confie la gestion et l'organisation de ma vie à une équipe du tonnerre sur qui je peux compter en tout temps, vingt-quatre heures sur vingt-quatre pour la modique somme de... zéro dollar. Cette « firme » (la meilleure du monde) cherche et trouve les solutions idéales aux défis les plus complexes, auxquels je dois faire face chaque jour. Il s'agit d'un service sur mesure, calibré en fonction de qui je suis et de mes préférences. Mon équipe me fait prendre des raccourcis et me permet d'avoir un sourire « étampé » dans le visage presque en permanence, alors que le stress et l'inquiétude ravagent le visage et la santé de la majorité des gens. Une équipe comme la mienne, il y en a des millions dans l'Univers. Suffit de savoir trouver la nôtre, dans une formule qui nous convient.

Si vous lisez ces lignes et que vous trouvez mes propos farfelus, sachez que c'est justement ce scepticisme qui est la cause de la broue dans votre toupet. Vous songez sûrement : « Voyons donc, elle rêve en couleur, cette fille ! C'est pas comme ça que ça marche ! » La question n'est pas de savoir si c'est comme ça ou non que ça fonctionne, mais plutôt : « Est-ce que ça fonctionne ? »

Si je me fie à mes observations et au nombre de femmes victimes d'épuisement professionnel, dépassées, débordées ou au bout du rouleau, la façon dont agissent quatre-vingt-dix pour cent d'entre elles n'est pas la plus efficace.

Alors, quelle est la recette, exactement? Je vous dirais qu'il n'y en a pas, mais qu'il y a un ingrédient incontournable, un simple mot de neuf lettres : la CONFIANCE. En tout temps, même pendant qu'on s'acquitte des tâches qui nous incombent (des plus plates aux plus réjouissantes), il est primordial d'être dans un état de confiance. Et de s'accorder des pauses.

Par exemple, je me suis déjà permis de faire une sieste de vingt minutes alors que ce n'était honnêtement pas le moment. J'étais dans le gros *rush*, mais ma courte sieste m'a justement permis de décrocher et d'être encore plus d'attaque par la suite.

Avez-vous déjà eu à faire un *reset* sur un appareil électronique? Vous savez, le petit bouton souvent invisible sur lequel on appuie en désespoir de cause, quand plus rien ne fonctionne, avec la mine d'un crayon, un trombone ou un cure-dent? Eh bien moi, je me *reset* presque toutes les heures en m'accordant une pause : je fais jouer une chanson à tue-tête, prends un bain, me prépare un thé, fais une sieste, regarde les oiseaux dehors, crayonne, etc.

La clé de ce mode de vie? Ne jamais laisser notre anticipation nous mener par le bout du nez; donc, ne jamais avoir d'*a priori* concernant la logistique et contrôler le moins possible. J'irais même jusqu'à dire : ne jamais contrôler, mais plutôt MAÎTRISER. Je sais que ça va à l'encontre de ce qu'on se fait dire depuis des années par la société, du genre : il faut être à son affaire, être des spéciaLISTES des p'tites listes, ne pas procrastiner, être en ordre, à jour, à temps... Autrement dit, « à bouttttte » !

Pour ma part, voici ce que j'affirme :

- Procrastiner peut être bon pour la santé mentale.

- Se coucher sans avoir tout coché sur la liste de choses à faire, mais avoir le sourire fendu jusqu'aux oreilles parce qu'on a eu du plaisir autrement, ça fait sécréter des endorphines. À devoir choisir entre deux listes, j'aime mieux être une jovia-LISTE qu'une spéciaLISTE!

- Repousser une échéance pour ne pas devenir folles ne fait pas de nous des incompétentes.

- Arriver en retard à une réunion pour des raisons hors de notre contrôle ne fait pas de nous des personnes non fiables ou des retardataires chroniques.

- Un peu de désordre dans notre vie est requis pour que nous ayons la sensation d'être humaines et normales.

- Le perfectionnisme ne devrait pas être considéré comme un but à atteindre ou une qualité, mais plutôt comme quelque chose à fuir à tout prix.

- Cesser une tâche ardue pour aller faire trente minutes de jardinage, de bricolage ou de piano permet souvent de décrocher complètement pour mieux «raccrocher» par la suite.

Loin de moi l'idée de vous inciter à crouler sous une pile de comptes à payer ou de vaisselle sale! Je privilégie l'idée de vivre dans un environnement réaliste. Je déteste le verbe GÉRER quand il est question de ma relation avec le temps. J'aime mieux dire: JOUER avec le temps, DANSER avec le temps ou JOUIR de mon temps.

Et pas seulement de temps en temps, mais tout le temps!

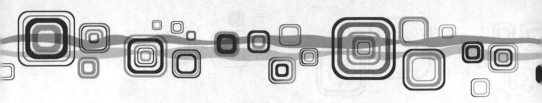

Accommodements déraisonnables

Je viens de prendre conscience de ce qui nous nuit au plus haut point dans la vie, à nous, les femmes : nous sommes des spécialistes du «c'est pas grave». Ou, en d'autres mots, des spécialistes des accommodements déraisonnables. On accommode tout le monde et on s'accommode même des situations les plus inacceptables. Ici, je ne fais pas allusion aux situations qui impliquent de la violence physique, psychologique ou verbale, car, là-dessus, tout le monde s'entend pour dire que c'est inacceptable. Non, je parle plutôt de toutes ces fois où on se dit «c'est pas grave» alors qu'on ne le devrait pas.

- C'est pas grave de manger froid.

- C'est pas grave de ne jamais avoir de temps en solitaire dans ma maison.

- C'est pas grave d'aménager mon bureau dans le sous-sol à côté de la fournaise.

- C'est pas grave de ne pas avoir autant de moments intimes avec mon *chum* que j'en voudrais.

- C'est pas grave d'aller en vacances à un endroit que je n'ai pas choisi.

- C'est pas grave de me «taper» toutes les commissions quand mon *chum* reçoit ses amis.

- C'est pas grave que le miroir de la salle de bains soit plein de dentifrice.

- C'est pas grave que le plat que j'ai commandé au restaurant ne soit pas mangeable.

- Si tu ne peux pas me rendre ce service-là, c'est pas grave.

Ce syndrome s'apparente à ceux-ci:

- La prochaine fois, j'y verrai...

- C'était à moi de m'en apercevoir avant...

- Je ne dois surtout pas faire de vagues.

Je vous l'accorde, les situations mentionnées plus haut ne sont pas très graves en soi. Ce qui l'est, c'est plutôt la somme de tous nos «c'est pas grave». Faites l'exercice: mettez une pièce de dix sous dans un pot chaque fois que vous direz cette phrase. Je vous jure qu'à la fin du mois, vous aurez suffisamment d'argent pour vous payer une belle sortie! (À moins que votre ado, à court de monnaie, vide votre pot pour une sortie au cinéma... Vous vous direz alors peut-être «c'est pas grave» en remettant une pièce dans le pot.)

Je me suis donc posé la question suivante: pourquoi sommes-nous des expertes en accommodements déraisonnables?

La réponse: tout simplement parce que nous voulons donc être FIIIIIIINES!

Moi, je ne veux pas être fine, je veux être authentique. Je ne suis pas en train de vous dire que j'aime la controverse et que mon plus grand fantasme est de me faire détester, loin de là! Je suis tiraillée quand vient le temps d'exprimer mon opinion ou de prendre une décision qui ne fera pas l'unanimité, mais je vais quand même de

l'avant. Pourquoi? Parce que je DOIS le faire. Je sais par expérience que laisser de côté un désir ou un besoin en me disant «c'est pas grave» a de pires conséquences que de contrarier quelqu'un. J'aime mieux être source de contrariété pour une personne (de façon momentanée) que d'être donc fiiiiiine tout le temps, mais d'être frustrée au bout du compte. Savez-vous tout ce que ça implique, d'être frustrée? On a de la peine, on a envie de s'éloigner des gens, on est préoccupée, on veut faire payer les autres, on risque d'éclater et de péter une coche, de bouder ou de parler dans le dos de quelqu'un.

Ça demande beaucoup d'énergie, être fiiiiiine en tout temps. Et d'un, c'est impossible, et de deux, ça implique immanquablement une forme d'hypocrisie, parce que ce n'est pas vrai qu'on pense que c'est pas grave! Sur les vingt fois qu'on prononce ces mots quotidien-nement, il y en a peut-être deux ou trois où c'est la vérité. Les autres sont reliées à des situations qui ne font pas notre affaire et où on préfère se taire plutôt que de prendre notre courage à deux mains et de dire vraiment ce qu'on pense.

À ce propos, je tiens à préciser une chose. Dire ce qu'on pense ne veut pas dire crier à la tête des gens, être désagréable ou mépri-sante. Être authentique n'a rien à voir avec être fendante. Il est possible d'être authentique en demeurant respectueuse et à l'écoute. Je n'ai jamais blessé personne par mon authenticité. J'ai bouleversé, j'ai surpris, j'ai dérangé, mais je peux vous assurer que je n'ai pas blessé. Si parfois j'ai pu froisser quelqu'un malgré moi, j'ai toujours eu l'humilité de présenter des excuses quand c'était nécessaire.

Je n'ai pas toujours été comme ça. Dans le passé, j'ai souvent démissionné. Savez-vous à quel moment j'ai fait le choix d'être authentique à cent pour cent pour le reste de mes jours? Après avoir passé plus de cent jours alitée au début de l'année 2010. Pendant mon congé de maladie (je souffrais du syndrome de la queue de cheval), je n'ai jamais cessé de faire mes pages du matin et, un jour, j'ai écrit

ceci : « Marcia, lorsque tu vas te relever, que tu recommenceras à marcher, tu vas vraiment savoir ce que ça signifie, "se tenir debout"! »

Quand j'ai recommencé à marcher, après quelques mois de physiothérapie, et que je me suis retrouvée dans une situation où, avant, j'aurais dit « c'est pas grave », je me suis plutôt entendue dire « oui, ça me dérange ». J'ai regardé à gauche et à droite pour savoir qui venait de prononcer ces paroles... c'était moi !?! Je n'en croyais pas mes oreilles. Jusque-là, j'avais toujours pensé que j'étais capable de m'affirmer, mais c'était faux. J'ai été surprise et émue d'avoir pu faire part de mon désaccord et demander qu'on trouve une solution qui fasse mon affaire. C'est à ce moment précis que je me suis rendu compte qu'à force de vouloir être fiiiiiine, on s'accommode de situations inacceptables.

Ce jour-là, j'ai tiré la conclusion suivante : j'aime mieux être une FAE (femme authentique et épanouie) qu'une FFF (femme fine frustrée)! Et vous?

Quinze cousins

Je n'ai pas de frères. Mes meilleures amies n'avaient que des sœurs. Je n'ai donc jamais connu de près l'univers des garçons. Même que, enceinte, je souhaitais secrètement avoir des filles, parce que j'avais peur de ne pas savoir comment agir avec des garçons. C'est probablement pour toutes ces raisons que mes cousins sont si importants pour moi. Je ne les vois pas souvent, mais je les porte dans mon cœur comme on porte un être cher. Avec eux, je vis une relation que j'ai peine à expliquer. Je ne les aime pas comme des *chums* de gars, des frères ou des collègues... Ce sont des hommes qui partagent le même héritage familial que moi, qui appellent mes parents «mononcle et matante», qui ont les mêmes oncles, tantes, cousins, cousines et grands-parents que moi... Des hommes beaux, libres et... poilus. Pourquoi poilus? Parce que, quand on a connu des hommes alors qu'ils étaient enfants et qu'ils n'avaient ni barbe, ni moustache, ni poils de *chest*, ça fait drôle de les voir maintenant poilus. Lorsque je les rencontre, j'ai toujours l'impression qu'ils portent une fausse barbe pour me faire rire! Comme si c'était impossible que nous soyons devenus adultes, que ce soit *nous*, aujourd'hui, les «mononcles» et les «matantes».

Hier encore nous jouions à la cachette, nous nous racontions des histoires de peur dans la tente avant de nous endormir et nous passions des heures dans la piscine à essayer de retenir notre souffle plus longtemps que les autres. Aujourd'hui aussi, on a besoin de

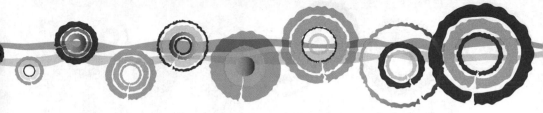

beaucoup de souffle lorsqu'on se voit, car on rit, on pleure, on se raconte des souvenirs pendant des heures... On regarde nos albums photos, fiers d'être liés par le même sang et d'avoir les mêmes racines. Nos rencontres, c'est l'engrais qui les fortifie et les fait pousser pour qu'elles s'ancrent encore plus solidement dans le sol.

Mes cousins me trouvent drôle, mes cousins m'aiment, mes cousins me veulent du bien. Avec eux, il n'y a pas de compétition ou de jalousie... que de l'affection et de la magie. Oui, de la magie, sinon comment expliquer que des êtres humains qui se voient à peine quelques fois par année puissent s'aimer autant? Et cette magie fait de chacune de nos rencontres des moments inoubliables et uniques dont je ne pourrais pas me passer.

J'ai quinze cousins. Certains que je ne vois presque jamais et d'autres un peu plus, mais, avec chacun, je vis ce sentiment de fierté et d'appartenance.

Jean-Pierre est l'un des êtres les plus drôles que je connaisse... Jasmin ne donne pas sa place non plus. Une fois par année, au party annuel qu'il organise à son chalet, on rit tellement que j'en ai mal aux mâchoires pendant quelques jours. Une *joke* n'attend pas l'autre. J'ai promis à Jasmin et Jean-Pierre, si un jour je monte sur scène avec mon *show* d'humour, de leur réserver des places à la première rangée, juste pour les entendre rire et voir leur regard de cousins fiers.

Il y a aussi Richard, que je considère comme mon frère même si nous ne nous voyons plus beaucoup, par manque de temps. Nous avons presque le même âge et nous avons passé pratiquement tous nos étés ensemble, enfants. On s'entendait à merveille même si on était très différents. Ma sœur Brigitte était secrètement amoureuse de lui et, un jour, sur la porte de la salle de bains du sous-sol de la maison familiale, j'ai découvert quatre mots écrits au crayon à mine. Quatre mots bien intrigants pour une petite fille curieuse comme moi...

«Drahcir Sarpud, je t'aime.»

Après quelques jours à tenter de le déchiffrer (chaque fois que j'allais aux toilettes), j'ai élucidé le mystère : «Drahcir Sarpud», c'était «Richard Dupras» à l'envers. Eurêka! Je n'ai même pas pris le temps de remonter mon pantalon, je me suis empressée d'aller crier à ma mère : «Brigitte est "en amour" avec Richard! Brigitte est amoureuse de Richard!!»

Brigitte a tout nié, bien entendu, mais c'était vrai, elle nous l'a avoué des années plus tard. Et nous, les sœurs Pilote, on appelle notre cousin Drahcir Sarpud depuis ce temps, c'est-à-dire depuis quarante ans! L'an dernier, à Noël, j'ai expliqué aux enfants de Drahcir (oups... Richard!) pourquoi je n'appelais pas leur père par son vrai nom. Je leur ai aussi raconté toutes les folies qu'on a faites ensemble. Vous auriez dû voir leurs yeux quand ils ont pris conscience que leur papa avait déjà eu leur âge!

Il y a également mes cousins Jean-Sébastien, Pierre-Luc et Guillaume (trois frères), fils de ma marraine Carole et de mon parrain Normand. Si vous vous assoyez avec nous quatre autour d'un feu de camp, je vous garantis que vous ne comprendrez pas un mot de ce qu'on racontera tellement on rira. Combien de fois leur ai-je dit :

– Arrêtez, les gars, vous allez me faire «pisser» dans mes culottes!

Puis il y a Fabien et Maxime, dont la mère a les mêmes nom et prénom que moi. Ma mère trouvait son prénom vraiment beau, alors nous sommes deux Marcia Pilote dans la famille!

Nicolas et Pascal sont les seuls garçons Pilote de la famille. Ils ont été (sans le savoir) la source d'une discussion enflammée entre mon grand-père paternel, Ludovic, et ma mère lorsqu'il a fait l'arbre généalogique de la famille. Il avait placé Nicolas et Pascal dans une colonne à part, étant les seuls à pouvoir poursuivre la lignée des Pilote. Ma mère avait exigé que ses quatre filles soient aussi dans

cette colonne, en affirmant qu'elles pouvaient décider de donner leur nom à leurs enfants. C'est d'ailleurs ce qui est arrivé; tous les petits-enfants de mes parents ont Pilote dans leur nom de famille.

Il y a mon cousin François Girard, cinéaste de renommée internationale, que je croise une fois tous les dix ans. Son regard de grand créateur s'illumine quand il me voit, comme s'il redevenait enfant.

Il y a aussi Alec, avec qui on a vécu des retrouvailles émouvantes après avoir passé vingt ans séparés de lui.

Et Kevin, qui a pu bénéficier dès l'adolescence des bons conseils de sa grande cousine Marcia. Je lui ai plusieurs fois « expliqué » la vie, les filles, la sexualité, etc.

Et Patrick, à qui je pose *toutes* mes questions sur «comment ça fonctionne, un homme» et qui me répond ouvertement avec beaucoup d'humour.

Je termine par mon cousin préféré. Ça ne se dit peut-être pas qu'on a un cousin préféré – ça pourrait faire des jaloux ou de la chicane –, mais Alexandre, c'est le chouchou de toute la famille! C'est un être exceptionnel qui nous apprend à vivre le moment présent, qui nous apprend ce que personne d'autre que lui ne peut nous apprendre.

Toutes les personnes qui ont la chance d'avoir dans leur famille un enfant trisomique seront d'accord avec moi : c'est un cadeau de la vie!

Alexandre est très spécial à mes yeux. Je l'aime d'amour. Je voulais vous le présenter depuis longtemps, mais je ne savais pas comment. C'est difficile de trouver les mots pour parler de lui...

Sa mère, ma tantine Yvonne, avait trente-trois ans quand il est venu au monde en 1983. Je me souviens qu'à l'époque, lorsqu'elle a appris que sa sœur avait eu un enfant trisomique, ma mère en était restée secouée pendant des semaines. Nous étions adolescentes,

mes sœurs et moi, et nous trouvions la réaction de ma mère un peu exagérée. C'est fou, quand on atteint l'âge que nos parents avaient lorsqu'ils vivaient de dures épreuves, à quel point on peut comprendre combien cela a dû être difficile à traverser!

Je n'ai jamais été troublée par la différence d'Alexandre. Au contraire, j'ai toujours été charmée au plus haut point par son regard, sa douceur, sa capacité à communiquer malgré qu'il connaisse seulement quelques mots. Un des moments les plus touchants de ma vie s'est déroulé durant les premiers jours de l'année 2011. Je m'étais enfermée quatre jours chez moi pour terminer d'écrire *La vie comme je l'aime – Chroniques du printemps*. Après le jour de l'An, autour du 2 janvier, ma tante Yvonne est venue faire un tour chez mes parents à Boucherville. Alexandre était convaincu qu'il m'y verrait. Quand il s'est aperçu que je n'étais pas là, il est allé s'enfermer dans les toilettes pour bouder. Au bout d'une trentaine de minutes, ma tante et ma mère ont fini par savoir ce qu'il voulait : Alexandre ne comprenait pas pourquoi il ne pouvait pas voir sa cousine. Ma tante m'a alors téléphoné pour me demander si ça me dérangeait qu'elle me rende visite cinq minutes avec Alexandre. J'ai accepté en me sentant coupable de ne pas pouvoir lui accorder plus de temps. Quelques minutes plus tard, Yvonne a frappé à ma porte et, quand j'ai ouvert, Alexandre m'a sauté au cou en pleurant. Ma tante et moi nous sommes mises à pleurer nous aussi, car c'était la première fois, à l'âge de vingt-six ans, que mon cousin versait des larmes.

Maintenant que vous connaissez un peu Alexandre, vous comprendrez que, quand quelqu'un de mon entourage utilise le mot «mongol(e)» pour qualifier quelque chose d'exaltant ou de niaiseux, je ne le tolère pas du tout! Lorsqu'on a un cousin trisomique, on n'a pas envie de rire en entendant les gens se moquer de cette condition. Pas du tout. Parce qu'on ne considère pas qu'être trisomique devrait être source de raillerie. Quand je suis en présence de mon cousin,

ce sont un amour profond et un puissant sentiment de fierté qui m'envahissent.

Parfois, durant nos partys de famille, je remarque Alexandre qui nous observe en levant les yeux au ciel, l'air de dire : « Maudit qu'ils sont différents… » Puis il sourit, heureux de faire partie d'une famille si unique.

Avec cousin Alexandre.

Avec cousin Richard.

111

Ma best

Toutes les femmes ont (ou ont eu) une grande amie. Une *best*. Souvent pendant leur enfance ou à l'adolescence. Moi, ma *best*, je l'ai connue à l'âge de quatorze ans. Anne-Marie. C'était la sœur de mon ami Michel et elle avait quatre ans de plus que moi. À tous les partys chez Michel, cette « maudite fatigante » était là, car les gars de ma gang la trouvaient vraiment *hot* et ils l'invitaient. C'était loin de me réjouir ! Pourtant, à l'un de ces partys, on s'est parlé et ç'a vraiment cliqué entre nous. Je m'en souviendrai toute ma vie. C'était le début d'une longue amitié...

Anne-Marie s'est fait opérer en 2013 d'un cancer ovarien assez rare. Tout s'est bien déroulé et l'année qui a suivi a été remplie de belles nouvelles concernant sa santé. Puis, en janvier 2015, après avoir consulté le médecin pour des maux de ventre, elle a appris que le cancer était revenu et qu'elle devait commencer la chimio-thérapie dès la semaine suivante. Après quelques jours de réflexion, elle a fait le choix de ne pas recevoir de chimio. Le 21 janvier 2015, j'ai reçu ce courriel de sa part...

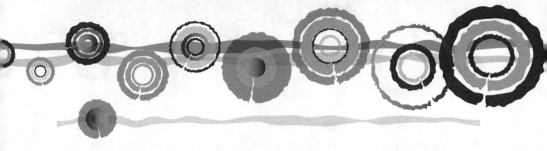

Allô ma belle amie,

J'ai tenté de te joindre par téléphone, mais ça dit que c'est plus facile présentement par courriel. :-)

Je n'ai pas pu t'appeler l'autre jour... :-(J'ai été débordée par des téléphones de mes enfants, ma mère, mes frères... La la la la lèreee!!!

Je vais bien. Je suis en paix. J'ai la joie au cœur. Je suis sur le chemin du retour à la maison. :-) Mon corps fait son travail et moi, je reste dans la joie auprès de mes chevaux. J'ai décidé de ne pas faire de chimiothérapie. Je suis née naturellement, j'ai vécu naturellement et je mourrai naturellement!!! Que cela soit!

Je t'aime, ma précieuse! Tu le sais. Tu l'as toujours su! Comme je sais et j'ai toujours su que tu m'aimes! Il me reste peu de temps sur cette belle planète Terre, mais il me reste l'infinité dans le cœur de Dieu. :-) Je vais me répandre dans le vent... mon élément préféré.

En attendant, je suis toujours là, dans mon corps, et je profite et profite et profite encore. Chaque jour est un cadeau que je déballe avec de grands yeux, comme un enfant le jour de sa fête.

Tu peux m'appeler quand tu veux. Tu peux venir me voir quand tu veux. Tu peux penser à moi d'où que tu sois, je ferai la même chose de mon côté. :-) Le lien qui nous unit n'a pas de corps, pas de ligne du temps, pas de contrainte. Il est ici, partout et toujours.

Je t'aime, Anne-Marie

Le lendemain, je suis allée passer la journée avec elle à sa belle maison et son écurie de Waterville. Je suis revenue chez moi avec une vingtaine de journaux intimes qu'elle avait écrits au cours des cinq dernières années. Elle me les a donnés après m'avoir d'abord dit qu'elle venait de les jeter à la poubelle...

— Es-tu folle? Je les veux, moi !!! ai-je presque crié.

— Je vais demander à Thomas Ison maril d'aller les chercher à la récup'.

La fin de semaine suivante, je me suis enfermée dans mon chalet et j'y ai passé des moments inoubliables et troublants, à lire les journaux d'Anne-Marie, jour et nuit. À mon retour, j'ai continué à la voir, à lui écrire, puis j'ai eu l'idée de faire quelque chose avec cette mine d'or d'enseignements que je venais de lire. Je ne savais pas encore quoi...

En mars 2015, pour sa série *Les grands reportages*, RDI a accepté de financer notre projet: un film documentaire intitulé *La mort joyeuse*. La première journée de tournage a eu lieu au début du mois de mai 2015. Au moment où j'écris ces lignes, le film n'est pas encore terminé, la vie de mon amie non plus... et c'est tant mieux. Je peux dire que notre projet compte parmi les expériences les plus déterminantes de toute ma vie. Je ne suis plus la même personne depuis. Pour de vrai.

Le paradoxe, c'est que je n'ai jamais eu de caméra vidéo, car je n'ai jamais voulu filmer les moments importants de ma vie. Je préfère les photos. Mais, parfois, les événements de la vie sont trop immenses pour être gravés sur notre disque dur personnel et on se doit de les filmer afin de les immortaliser. C'est ce que je veux faire avec mon amie Anne-Marie. La façon dont elle a décidé de vivre ses derniers moments sur terre est trop belle, trop spéciale, trop unique, tout comme elle...

Anne-Marie est une fille formidable, née en 1963. Une brunette que je qualifierais de beau «pétard», une femme originale, unique, mère de quatre enfants issus de trois unions différentes, une amoureuse de la vie et de ses mystères, une femme qui a souri souvent et, surtout, une amie, une *best*. La mienne. Mon amie qui s'en va, même si je sais qu'elle demeurera autrement.

On a compris rapidement qu'il fallait qu'on fasse quelque chose ensemble pour le temps qui lui restait. Pas égoïstement pour qu'on conserve un souvenir juste pour nous, mais pour que le plus de gens possible aient accès à ce qu'Anne-Marie sait. Sans certitude, mais avec encore plus de certitude que si elle en avait. Elle a par contre la certitude d'avoir aimé, la certitude d'avoir vécu, mais aussi la certitude que c'est terminé. Elle sait comment ça doit se terminer, sauf qu'elle ignore encore comment y arriver. Elle l'apprend et le ressent en même temps qu'elle le vit. C'est ce niveau de conscience, son écoute de la vie et sa non-résistance qui font de ce passage un moment qu'on aimerait tous vivre comme elle.

Que fait-elle exactement? Rien, justement. Elle laisse arriver les choses comme elles doivent arriver. Elle sait que c'est en train d'arriver et elle l'accepte.

Ne plus être là, ne plus être Anne-Marie telle qu'on la connaît, ne plus rire, ne plus caresser ses chevaux tant aimés, ne plus hurler de rire en me parlant au téléphone, ne plus regarder la vie en coin, l'air de dire: «Tu ne m'auras pas!» Lui dire plutôt «tu m'as eue», mais pas dans le sens de «je suis vaincue»; plus dans le sens de «tu m'as eue sur cette terre pendant près de cinquante-deux ans, et maintenant je m'en retourne à la maison»...

C'est toi qui l'as, l'affaire, ma grande amie. Tu t'en retournes à la maison et la maison est ailleurs. Tu étais donc ici comme dans une villa, en vacances, en voyage, et là tu rentres chez toi. Tu étais toi, avec ton essence véritable, mais pas dans ta demeure principale, pas dans ton port d'attache. Ma majestueuse amie qui a

toujours été un peu en voyage, à la fois ici et ailleurs. Mystérieuse et si présente.

Tu acceptes cette nouvelle proposition de voyage comme une petite fille qui a hâte de découvrir ce pays de l'au-delà, hâte de le visiter. Une petite fille joyeuse qui ne sait pas trop où elle s'en va, mais qui sait qu'elle doit s'en aller, car sa vie sur cette terre est terminée. Cette énergie de petite fille, je l'ai vue souvent. C'est elle qui nous a permis de nous connaître et de nous aimer autant. Les deux petites filles en nous se sont reconnues, il y a de cela plus de trente ans. Et tu l'as encore en toi, cette énergie, je la retrouve dans ton regard pétillant chaque fois que je te vois. Mais je sais qu'elle ne sera plus là bientôt... Je le sais et je trouve ça trop bizarre, alors je ne veux pas y penser.

Tu sais comment partir et tu nous l'apprends, car on devra tous passer par là un jour. Comme chaque femme enceinte aura normalement à accoucher, chaque être humain aura à mourir. C'est ton tour prochainement et le nôtre arrivera aussi, on ne sait juste pas quand. Avant de traverser cela avec toi, je vivais intensément, mais jamais comme je le fais depuis quelques mois. Au point de ne penser qu'à ça, de penser à ma vie différemment. On dirait que je n'ai pas le droit de gaspiller ne serait-ce qu'une minute de mon temps à ne pas être vraie... Il faut dire que ça fait des années que je m'exerce... et toi aussi ! Eh qu'on en a lu, des livres pour y arriver ! Parfois même ensemble, au téléphone. On en a fait, des cours de développement personnel, des thérapies, des formations, de la recherche sur nous-mêmes, sur la vie avec un grand V, sur l'être humain, sur nos *patterns*...

Tu peux bien savoir mourir, mon amie, tu sais si bien vivre ! Tu vas passer tes derniers mois dans la lumière, sublimement. Oui, ce sera triste. Oui, ce sera difficile. Oui, il va falloir accepter et comprendre. Le fait que tu le vives de cette façon va sûrement permettre à tout

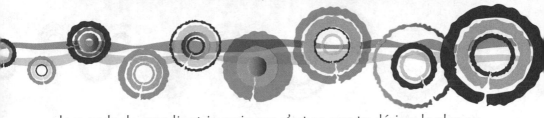

le monde de grandir et je crois que c'est ce que tu désires le plus au monde : grandir et voir les autres faire de même.

Depuis plus de trente ans, tu m'apprends les plus belles leçons de vie et là, tu m'apprends la plus grande. Celle de partir comme il se doit, comme on ne l'a jamais appris. Dans quelques mois, je le saurai parfaitement... je peux dire que c'est déjà commencé.

En terminant, voici un échange de courriels entre ma *best* et moi. J'ai envie de le partager avec vous.

Salut, ma belle amie de toujours. J'ai passé une fin de semaine de rêve au chalet, seule avec mon chum. Nul besoin de te dire que j'ai consacré presque tout mon temps à lire tes journaux intimes...

Je pense beaucoup à toi, tout le temps. Tu es présente dans mes réflexions, dans mon cœur, c'est bon, c'est doux. J'adore ça.

J'ai vraiment peur de te perdre... Depuis que j'ai quatorze ans, je sais que je peux t'appeler n'importe quand. Heille, je me souviens encore de ton numéro de téléphone chez tes parents, à Boucherville! Dans ce temps-là, on ne composait pas le 450 devant le numéro...

Tu es la seule personne au monde que je sais là pour moi. Tout le temps.

On se le disait souvent : nous deux, on n'a pas besoin de s'appeler toutes les semaines, on le sait qu'on est là l'une pour l'autre.

«Une chance qu'on s'a», qu'on se disait avant même que Jean-Pierre Ferland en fasse les paroles d'une chanson. Il nous a copiées!

Des amies formidables, j'en ai plusieurs. Des sœurs, j'en ai trois. Des femmes géniales, j'en ai aussi croisé sur ma route... mais des comme toi? Aucune. Tu es la seule et unique. J'écris ces mots et je pleure de joie, d'allégresse, de tristesse. Je dois accepter l'idée que tu ne seras plus là, à l'autre bout du fil, je dois accepter l'idée que tu continueras d'être là, autrement. Je sais que je vais être capable de faire mon deuil, parce que tu m'aides déjà à m'y préparer.

Ce que je ressens spontanément lorsque je pense à toi, c'est de la reconnaissance. J'ai envie de te remercier pour toutes les fois où je ne te l'ai pas fait. Tu as toujours été là pour moi et quand je dis « là », c'est TOUTE là. Vraiment là. C'est drôle parce que, l'an dernier, en pleine rencontre Mastermind, quand Anouk m'a demandé de tes nouvelles, je t'ai rendu un long et vibrant hommage. J'ai raconté que tu étais la première personne à avoir vu ma valeur, mon potentiel et qui j'étais vraiment. Et ça, dans une vie, c'est un moment magique. Comme un coup de foudre amoureux à la puissance un million. Ça m'est arrivé une seule fois et c'est avec toi.

Ces dernières semaines, je me suis sentie privilégiée de pouvoir jouir de tous ces moments précieux passés avec toi. Ils comptent parmi les plus beaux de ma vie! Le film est peut-être un prétexte inconscient pour te voir souvent... Mais je sais qu'il va contribuer à transmettre ton magnifique message au plus de gens possible. Je n'en ai jamais reçu de si précieux et Dieu sait à quel point j'en ai eu, des enseignements! Par les livres que j'ai lus, les personnes inspirantes que j'ai rencontrées, les cassettes que Violette m'a léguées, etc. Ma plus belle enseignante, c'est toi.

On voudrait toutes avoir ton degré de conscience lorsque viendra le temps de vivre ce passage à notre tour. Je sais que

c'est la centième fois que je te pose la question, mais explique-moi encore comment ça se fait que tu n'aies pas peur. C'est parce que tu es dans un état d'amour et d'acceptation ? Est-ce que la peur s'en va quand on sait qu'on est rendu là ? Ou est-ce qu'on se rend là parce qu'on n'a plus peur ? Je crois que c'est un peu des deux. Contrairement à la fille dans Nouvelle adresse (je n'ai pas vu cette série télé, mais j'en ai entendu parler), qui vit son passage vers la mort avec diffi-culté parce qu'elle voudrait tant continuer à vivre, toi tu es en paix. C'est fascinant pour moi d'être aux premières loges et d'avoir accès à ton cheminement pendant que tu traverses cette étape de ta vie. Quand viendra mon tour, j'espère le faire comme toi, avec le sourire, ma fabuleuse amie. En atten-dant, je contemple le tien, immense comme la vie. Quand je parle de toi aux gens qui te connaissent, la première chose qui leur vient à l'esprit — à part ta beauté légendaire ;-) —, c'est ton sourire. Précieux, significatif, vrai, jamais ordinaire, jamais forcé. Je me sens privilégiée d'avoir accès à ce sourire depuis trente-quatre ans. Il a parfois été teinté de colère, de tristesse ou d'incompréhension, il a parfois été espiègle, mais il a toujours été présent, comme le soleil qui se lève chaque matin peu importe la saison.

Je t'aime.

Tu n'es pas obligée de me répondre.

Cette semaine, si tu veux, on peut se voir jeudi une petite heure, juste pour le fun, si le cœur t'en dit.

xxxxxxxxxxxxxxxxxxxxxxxxxxxxxxxxxxxxxxxxxxxxxxxxxxx

Marsh

Le lendemain, Anne-Marie m'écrivait ce courriel...

Je suis sans mot!!!! Très touchée! Très émue!

Te dire MERCI!

Te dire que ta présence dans ma vie est unique!

Te dire que mes plus beaux souvenirs d'adolescente sont avec toi!

Te dire que tu es l'une de mes plus grandes inspirations!

Te dire que je vois toujours en toi la fille lumineuse que j'ai observée de loin, dans un corridor d'école!

Te dire que tu sèmes des perles d'or partout où tu vas!

Te dire que tu sais reconnaître un cœur qui aime!

Te dire que tu sens quand quelqu'un souffre et que tu cherches à le soulager!

Te dire que je vois ta fragilité!

Te dire que je vois ton courage et ta force!

Te dire que je vois tout le travail que tu accomplis tous les jours!

Te dire que je connais la magie qui t'habite!

Te dire que je connais ton Âme!

Te dire que j'applaudis chaque fois que tu fais une pirouette! :-)

Te dire que tu sais me faire rire aux éclats! :-)

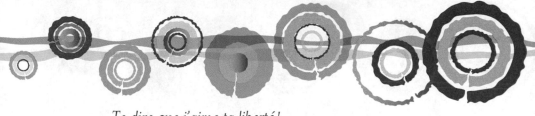

Te dire que j'aime ta liberté !

Te dire que j'aime tout ce que tu es, tout ce que tu deviens, tout ce que tu seras !!!

Anne-Marie xxxxxxxxxxxxxxxxx

1982

2015

Le grand bonheur de vivre

En plein hiver, au chalet. Cœur Pur pellette la neige, près du lac. Je viens de terminer mes pages du matin. Après une centaine de lignes passées à essayer de comprendre une situation qui me cause du souci, à chercher comment mettre mon ego de côté sans pour autant démissionner, j'ai écrit au bas de la page : « Merci pour le grand bonheur de vivre. » En dessous, j'ai tenu à ajouter : « Avec tout ce que ça implique. »

Il y a du soleil sur mes feuilles et de l'eau dans mes yeux.

Mon *chum* vient de placer le gros canot rouge sur le toit de ma voiture. C'est sa façon de me dire qu'on s'en va à la petite rivière. Avec le courant, elle ne gèle pas complètement (contrairement au lac) et on aime aller y faire du canot. Ce sera la cinquantième fois qu'on va briser la glace ensemble sur la rivière et, toujours, la majestueuse nature nous accueille dans sa demeure, l'air de dire : « Vous êtes des vrais ! Faut le faire, en plein hiver. Vous m'aimez vraiment… »

Et nous pagayons doucement, en silence ou en riant aux éclats. Deux enfants de près de cinquante ans. Deux enfants qui s'aiment, qui tripent, qui savourent la vie et le moment présent.

Merci pour le grand bonheur de vivre qui me permet de savourer, de comprendre, d'aimer et d'avancer, un peu comme je le fais sur ma petite rivière. Avancer malgré les barrages. de castor, avancer même s'il faut faire du portage, avancer même s'il y a une couche de

glace. On prend notre élan et on la brise. C'est tout. Les plaques de glace géantes cèdent sous le poids du canot et les enfants que nous sommes rient à n'en plus finir. La femme que je suis observe tout ça en se disant : « C'est "drette" ça, la vie, embarquer dans son canot, été comme hiver, et briser la glace, dans tous les sens du terme. Briser la glace pour qu'il n'y ait plus de malaise, pour pouvoir passer là où la plupart des gens rebrousseraient chemin. »

Le grand bonheur de vivre tous les jours sa vie, loin de l'ego qui nous empoisonne, qui veut nous faire douter, nous faire reculer, qui veut percer notre canot ou le cacher pour que ce soit compliqué d'aller sur notre petite rivière, été comme hiver.

Le grand bonheur de vivre en sachant que j'ai encore plusieurs belles journées ensoleillées à venir, mais en étant consciente aussi que des printemps, il ne m'en reste pas tant. Combien ? J'aurai cinquante ans bientôt... Je ne connais pas la réponse, mais, chaque année, je fais comme si c'était le premier et le dernier. Je savoure comme si je découvrais pour la première fois cette belle nature qui m'entoure et suis dans un état de grande excitation. Mais, aussi, j'emmagasine chaque petit souvenir en sachant que c'est peut-être le dernier. J'ai baptisé cette philosophie de vie : l'approche de la PREMDERNIÈRE FOIS. Toujours être en état de première et de dernière fois en même temps. C'est plus facile à faire qu'on ne le pense.

Le secret ? Être capable de mettre son ego et sa peur de côté, et vivre sa vie dans la confiance totale, en tout temps. Cela ne signifie pas de ne plus jamais avoir peur ou de ne jamais être inquiète ; cela signifie de ne plus laisser la peur ou l'inquiétude nous empêcher de vivre à cent pour cent. Comment faire pour y arriver ? Pour ma part, j'identifie ma peur avant de la vivre ou après l'avoir vécue en consacrant au moins quinze minutes de ma journée à réfléchir à la question suivante : « J'ai peur de quoi, exactement ? » Voici une liste de peurs qui tous les jours s'opposent à notre grand bonheur de vivre :

- peur de regretter;

- peur de passer à côté de quelque chose;

- peur d'être jugée;

- peur d'être exploitée;

- peur de perdre;

- peur de ce que les autres vont dire ou penser;

- peur du rejet;

- peur de se tromper.

Lorsqu'on est capable de savoir pourquoi notre canot s'est immobilisé sur notre rivière, c'est plus facile de continuer à avancer. Et plus notre canot se fraie un chemin à travers les obstacles, plus le spectacle auquel on assiste est majestueux : des canards, des castors, des arcs-en-ciel, des glaçons agencés en colliers de diamants, des odeurs de mousse et de sapin, des branches d'arbre qui forment un tunnel pour nous laisser passer, etc. Toute cette splendeur ne pourrait se trouver sur notre route si on n'avait pas eu ce jour-là l'idée de sauter dans notre canot et de partir sur une rivière. Notre rivière. C'est aussi ça, le grand bonheur d'être en vie.

Bonnes vacances!

Je n'aurais pas pu écrire ce texte au premier tome de *La vie comme je l'aime*, car vous m'auriez jugée (enfin, je crois). Mais, maintenant qu'on est rendues intimes, je peux vous en parler. Je ne suis PAS CAPABLE d'entendre quelqu'un parler de ses vacances d'été. Ça me fait dresser le poil sur les bras, ça m'étouffe et j'ai envie de hurler. Je n'ai jamais compris le concept de «vacances», qui oblige, de telle date à telle date, à s'arrêter. Pendant ces «vacances», il faut être de bonne humeur, il faut qu'il fasse beau, il faut que tout aille bien dans notre couple, il faut faire des activités et voir nos amis, il faut, faut, faut...

C'est un sujet tabou autour de moi, parce que TOUT LE MONDE fonctionne de cette façon. Ceux qui n'adhèrent pas à ce modèle (comme moi) sont souvent perçus comme des marginaux ou des «mésadaptés» sociaux. Qu'est-ce qu'on fait si on fonctionne très bien dans la société? Qu'on a tout simplement choisi de ne pas «embarquer» dans un système où la liberté est la dernière préoccupation sur la liste?...

Je n'en crois jamais mes oreilles quand j'entends quelqu'un dire : «J'ai droit à trois semaines de vacances, entre telle date et telle date.»

De telle date à telle date, on a le droit de se reposer, de faire la fête, de se coucher tard... parce qu'on est en vacances !!! On endure (et on paie) toute l'année pour pouvoir vivre ces semaines sans

culpabilité et penser : « J'peux bien me payer ça, j'travaille dur toute l'année ! »

De telle date à telle date, y'est mieux de ne pas pleuvoir, j'suis mieux de ne pas être en SPM, Gilles est mieux d'être fin, mes enfants sont mieux de pas avoir une attitude de mer...

Pourquoi le concept de vacances m'irrite-t-il tant? Parce que je trouve ça irréaliste. À un tel point que ça ne convient pas à la plupart des gens, mais personne n'ose le dire de peur de se faire traiter de « mésadapté ». Car *tout le monde* aime les vacances, *tout le monde* attend impatiemment ses vacances, tout le monde rêve de ses vacances et tu n'es pas normale si ce n'est pas ton cas.

Eh bien, s'il faut que je sois la première à le faire, je suis prête à le clamer haut et fort pour qu'on revoie cette idée imposée ! Je suis même prête à l'écrire en majuscules :

JE DÉTESTE LES VACANCES.

Vous me répondrez peut-être que vous ne me croyez pas, que c'est impossible, qu'on a tous besoin de vacances, qu'on ne peut pas toujours travailler, que ce n'est pas sain. Ne vous méprenez pas ! Ce n'est pas parce que je n'ai jamais eu des vacances à proprement parler que je n'ai jamais été en congé ! J'ajouterais même que je suis loin de travailler tout le temps. Ma façon de vivre ma vie professionnelle et mes moments de repos est la suivante : je suis toujours en train de travailler, mais mon horaire est entrecoupé de plages VACANCES. Ou, inversement : je suis toujours en vacances, entrecoupées de plages TRAVAIL.

C'est mon mode de vie, ma réalité de travailleuse autonome depuis plus de vingt-cinq ans. Oui, ça implique que je ne sais pas trop si je vais arriver à payer ce que j'ai à payer tous les trois mois (durée de mes contrats). Oui, quand septembre arrivait et que je voyais tout le monde recommencer le boulot, il m'est arrivé de me sentir à part. Oui, j'ai entendu souvent la phrase « il faudrait bien

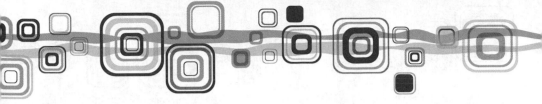

que tu te trouves une vraie job à un moment donné» et oui, j'ai vu à plusieurs reprises le jugement dans le regard des autres, comme si j'étais paresseuse ou que je manquais d'ambition.

Mais j'ai aussi connu la liberté, l'assurance que la vie ne me laissera jamais tomber, le courage de puiser en moi les ressources nécessaires pour arriver à me construire une maison en briques qui ne s'effondrera pas au moindre revers.

C'est important pour moi d'en parler, parce qu'il y a peu de femmes qui ont passé vingt-cinq ans à «piocher» pour en arriver à maîtriser ce mode de vie...

Pendant de nombreuses heures, j'ai «travaillé» mon insécurité pour la transformer en confiance. La confiance d'avoir ma place dans cette société, une belle grande place à moi qu'il fallait que je me taille. J'y avais droit même si je refusais qu'on m'impose une façon de faire et un horaire qui ne me convenaient pas du tout.

J'ai compris que la vie nous montre parfaitement notre chemin quand on accepte de ne pas nécessairement suivre celui imposé par les autres. J'ai eu le courage de suivre ma voie et la chance d'avoir des parents qui m'ont encouragée en ce sens. J'ai surtout eu la chance d'avoir foi en la vie et de m'aimer assez pour avoir le courage de me construire une vie comme je l'aime. Mais une vie comme on l'aime n'est pas exempte de difficultés, d'épreuves à traverser, d'irritants, de revers, etc. La différence, c'est que ceux-ci sont vécus dans un contexte qui nous ressemble, selon nos règles et notre vision. Les obstacles sont donc moins accablants.

Personne ne pourra m'imposer un congé de telle date à telle date. Je veux être dans un état de vacances chaque jour de ma vie.

Vous aurez sans doute remarqué que l'élément essentiel pour des vacances réussies est de se SENTIR en vacances. Et c'est le plus difficile... Combien de personnes ne se sentent pas en vacances même dans un contexte à cent pour cent favorable? Moi, je peux

affirmer que, peu importe ce qu'il y a dans mon compte en banque, peu importe les contrats sur lesquels je travaille, je me sens toujours en vacances. J'ai des échéances et parfois mon emploi du temps me donne le vertige, mais je m'organise toujours pour que chaque engagement, qu'il soit professionnel ou personnel, soit vécu « en mode vacances ».

Comment je m'y prends? J'essaie d'avoir les conditions de travail les plus flexibles possibles. C'est-à-dire (dans mon cas) le moins de réunions, le moins de rendez-vous à une heure précise, le moins de trafic à subir... en d'autres mots, le plus de liberté possible en ce qui concerne mes déplacements et mes obligations. Par exemple, quand j'écris un texte, le « quand, où, comment, en combien de temps » ne regarde que moi. L'important, c'est qu'il soit pondu pour telle date. Je me suis acheté une petite caravane pour me sentir en vacances à l'année. Je vais parfois écrire au bord de l'eau dans ma caravane. C'est à cinq minutes de chez moi, mais j'ai l'impression d'être complètement en vacances!

Vous pourrez me répondre que, pour moi, ce n'est pas pareil, que j'ai le choix. Je vais éclater de rire si vous me dites ça! J'ai le choix de quoi? J'ai des milliers de dollars en banque et je peux me le permettre? Non. J'ai un métier qui me donne l'assurance d'un revenu stable et constant? Non. Il n'y a pas de métier plus instable que le mien. J'ai un conjoint riche qui me fait vivre? Pantoute. Je n'ai même jamais touché de pension alimentaire. J'ai des placements qui me rapportent? Du tout. À moins que les dettes soient considérées comme des placements?...

À bien y penser, OUI, j'ai le choix... celui de vivre avec courage une vie qui me ressemble et d'affronter mes insécurités pour en venir à bout et enfin goûter à la liberté. Ou, alors, j'ai le choix de me faire croire que... je n'ai pas le choix.

C'est à nous de choisir.

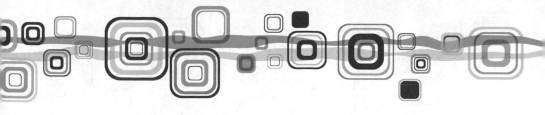

Manquer d'air

Dans leur enfance, certains ont manqué d'amour, d'autres d'argent ou d'autres encore d'espace... Moi, j'ai sûrement dû manquer de temps en solitaire, parce que plus je vieillis, plus j'en ai besoin. Et, quand je dis « en solitaire », c'est vraiment sans personne à au moins trois maisons à la ronde ! Je ne veux pas entendre la télévision, la toilette qui *flushe*, la respiration de quelqu'un ni tout autre effet sonore provenant d'un membre de la grande famille humaine. Je me suis souvent sentie anormale de vouloir la sainte paix, mais plus maintenant.

Le problème, c'est que plus je passe de moments en solitaire, plus ça me manque et plus j'en veux ! Méchant cercle vicieux. C'est un peu comme pour le sexe, vous ne trouvez pas ? Plus on fait l'amour, plus on veut recommencer.

Comme la plupart des femmes ayant une vie professionnelle et familiale, j'ai manqué de moments pour moi toute seule, entourée de silence, à manger quand j'ai faim, à dormir quand je suis fatiguée, à prendre un bain pendant des heures en ayant la certitude de ne pas être dérangée.

J'ai longtemps pensé que c'était égoïste et anormal de penser ainsi, mais je me rends compte aujourd'hui que c'est le contraire qui n'est pas normal ! On n'a pas à être la servante de tout le monde... Et ne venez pas me dire que, chez vous, ça ne se passe pas ainsi

parce que vous avez une aide-ménagère; toutes les femmes que je connais font le ménage *avant* que leur aide-ménagère arrive ou, du moins, elles récurent « le plus gênant » pour que leur réputation de parfaite maîtresse de maison ne soit pas entachée. Toutes les femmes que je connais (qu'elles travaillent à temps plein ou soient mères au foyer) gèrent la maisonnée, les repas pour la semaine, les lunchs, les loisirs, l'épicerie, les devoirs... Certains affirment que les hommes sont de plus en plus présents, que les femmes ne sont plus seules à s'acquitter de ces tâches. C'est faux! Les hommes sont là, mais quand ça fait leur affaire, c'est-à-dire quand ils ne doivent pas faire des heures supplémentaires au bureau, quand ils n'ont pas d'entraîne-ment sportif, quand ils n'ont pas une soirée avec leurs amis pour écouter le hockey... bref, rarement! Vous me trouvez probablement très sévère à leur endroit, mais je ne fais que constater une réalité encore présente de nos jours : la double tâche pèse encore sur les épaules des femmes. Et ne me répondez surtout pas qu'on n'a qu'à déléguer, qu'on n'a qu'à se mettre moins de pression, que c'est notre faute si on est surchargée! Je suis probablement la femme qui s'en met le moins sur les épaules (venez chez moi, vous allez constater que je tourne certains coins ronds), mais, même réussir la « base » (les repas, le lavage, l'organisation), je peux affirmer sans l'ombre d'un doute que c'est une tâche à temps plein. Pourquoi pensez-vous que les mères au foyer se font de plus en plus rares? Cette idée n'est alléchante pour personne! Imaginons que vous lisiez ceci, dans la rubrique RECHERCHÉE des petites annonces :

Femme équilibrée, cultivée, bien dans sa peau, excellente psycho-logue et communicatrice (maîtrisant trois langues, idéalement), bonne cuisinière, infirmière à temps partiel, créative, cartésienne mais pas trop, ayant conservé son côté enfant (un baccalauréat en récréologie serait un atout), avec un sens aigu de l'organisation et possédant un répertoire varié de comptines ou de chants tradi-tionnels du terroir. Doit également: savoir tenir maison (avec des produits écolos de préférence), être patiente, dévouée, drôle, dotée

d'une énergie sans limites, avoir la capacité de dormir par blocs de quatre heures d'affilée maximum, avoir suivi un cours de secourisme, maîtriser la résolution de conflits infantiles et être propriétaire d'une voiture pour se déplacer à toute heure du jour ou de la nuit.

Conditions de travail

Horaire en continu, vingt-quatre heures sur vingt-quatre, sans pause ni reconnaissance de la part de votre entourage. Dans le cadre d'une sortie entre adultes, lorsque viendra le temps de parler de politique, on ne vous adressera presque pas la parole et, si on vous intègre à la discussion, ce sera avec le même ton employé pour parler aux déficients intellectuels.

Ah oui, petit détail: cet emploi est exclusivement BÉNÉVOLE!!! Vous ne bénéficierez d'aucun fonds de pension, congé de maladie ou jour férié, d'aucune assurance-emploi, vos heures supplémentaires ne seront jamais payées à taux et demi, et on ne fournit aucun accessoire pouvant faciliter le travail (exemples: tube de cache-cernes, une Kit Kat pour faire une pause bien méritée ou un coffret de DVD de Dora pour distraire les enfants et avoir la paix).

Est-ce que la *job* vous tenterait?

Car pour résumer, chère perle rare, tu travaillerais bénévolement sept jours sur sept, de jour comme de nuit, tu t'acquitterais de tâches vraiment mortelles, on tiendrait ta présence pour acquise et tout le monde penserait que tu te fais vivre par ton mari pendant que tu te « pognes » le beigne à la maison.

Mais toute personne ayant vécu l'expérience – ne serait-ce que deux semaines – sait très bien que c'est LA *JOB* LA PLUS EXIGEANTE AU MONDE! Une mère au foyer n'arrête jamais et, même si elle trouve valorisant de voir ses enfants grandir, d'être là pour eux quand ils reviennent de l'école, il y a des moments où, franchement, elle aurait envie de péter une coche et de s'en aller

vivre sur une île déserte... Quand elle voit ses amies aller dîner ensemble un mercredi midi, par exemple, ou quand elle les voit aller faire du yoga dans un parc pendant qu'elle berce son plus jeune qui fait quarante de fièvre pendant que son plus vieux écoute *Toc toc toc* en montant le son pour ne plus entendre son petit frère brailler...

Tout ça bénévolement, je le rappelle... Certains diront que le salaire d'une maman, c'est le sourire de ses enfants sur leur visage plein de farine après qu'ils ont cuisiné des muffins maison à dix heures le matin. Oui, c'est un très beau moment mère-enfant, mais ça dure le temps d'une photo. Il faut ensuite « torcher » la cuisine de fond en comble, démouler les muffins trop cuits et gratter frénétiquement la croûte brûlée au fond des moules. Eh oui! Les muffins ont brûlé. La maman n'a pas entendu la sonnerie du four, elle était à genoux dans la salle de bains en train d'applaudir devant le petit pot où son grand garçon venait enfin de se décider à s'asseoir (grâce à Dora, qui lui avait confié qu'elle ne portait plus de couches; ça la gênait dans ses mouvements d'exploratrice)...

J'ai postulé pour cette fameuse *job* il y a longtemps et je l'ai eue! Pendant que j'accomplissais toutes ces tâches, j'avais l'énergie nécessaire, j'avais le soutien de mon entourage et des amies à qui parler qui avaient des enfants du même âge que les miens. Mais, maintenant que je suis presque grand-mère, avec du recul je me dis : « Comment j'ai fait? » Comment j'ai fait pour ne pas souffrir davantage de ne pas avoir assez de temps pour moi, même si je faisais tout pour être assurée d'avoir ma dose quotidienne? Par exemple, je suis allée tous les jeudis, pendant des années, dormir dans l'appartement que ma sœur me prêtait. Heureusement, car j'ai la certitude aujourd'hui que c'est ce qui a rendu mon « emploi » de mère bénévole et de travailleuse autonome endurable. « Tu as réussi! Bravo! » me direz-vous. Eh bien, je félicite à mon tour toutes les mamans qui sont aujourd'hui dans cette situation!

Si vous souffrez de ne plus passer de temps seules, sachez que, dans quelques années, vous aurez envie d'écrire un texte comme celui-ci pour encourager les jeunes femmes de votre entourage et leur dire de ne pas lâcher, que ça s'en vient et qu'il ne faut surtout pas avoir peur de tout mettre en œuvre pour avoir du temps pour soi. C'est primordial si on ne veut pas se perdre de vue et oublier qu'on est une femme, d'abord et avant tout. Avant d'être une mère, avant d'être une blonde. Une femme qui ressent le besoin d'être seule par moments, une femme qui a envie de retrouver son essence, son rythme, son silence.

C'est pendant mon silence de femme de quarante-huit ans que je fais une petite pause pour vous dire à quel point je reconnais tout le travail invisible que vous faites. Un jour, il deviendra visible, je vous le promets. Ce jour-là, vous serez probablement sur le point d'être grand-mamans... C'est ce qui m'arrive en ce moment !

Je m'aime et je m'approuve

Lorsque vous passez devant un miroir, avez-vous le réflexe de vous regarder droit dans les yeux et de vous dire à haute voix « je m'aime et je m'approuve » ? Certainement pas ! C'est pourtant ce que suggère Louise Hay, auteure de nombreux ouvrages de développement personnel. Selon elle, l'être humain recherche toute sa vie quelque chose qui lui manque cruellement. Quelque chose qu'on désigne par un mot de onze lettres qui commence par A et se termine par N : approbation.

Combien de fois a-t-on été désapprouvée par nos parents, nos professeurs ou nos amies ? Il n'est pas question ici d'avoir été humiliée, bafouée, ostracisée ou reniée, mais d'un simple regard dans lequel on peut lire qu'on n'aurait pas dû faire telle ou telle chose, de telle ou telle façon, d'un court silence qui sous-entend que l'autre aurait agi autrement, et mieux. Ou encore d'un dialogue au bout de la table entre deux personnes qui parlent de nous à voix basse, d'un professeur qui nous sermonne avant de nous envoyer chez le directeur, d'un père qu'on exaspère, d'une mère qu'on irrite, de frères et sœurs qui nous font savoir qu'on prend trop de place, d'amies qui nous délaissent, d'un conjoint qui veut nous changer parce qu'il ne nous aime pas telle quelle, etc.

Petite parenthèse à ce sujet : lorsque je vais chez IKEA, je prends toujours le temps d'aller dans le rayon TEL QUEL, où les articles sont légèrement abîmés et vendus au rabais. Ils sont pourtant encore très

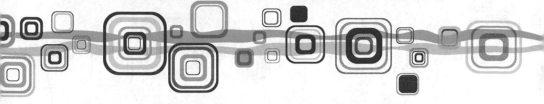

fonctionnels et très beaux! J'adore aller me rincer l'œil et, chaque fois, j'en tire la conclusion suivante : tous les êtres humains sont dans le rayon TEL QUEL, c'est-à-dire « à prendre comme ils sont ».

Vous avez peut-être entendu ce genre de commentaires à votre endroit quand vous étiez petites :

– Je ne sais pas si on va arriver à faire quelque chose de bon avec elle...

– On va la casser, sinon elle va prendre de mauvais plis.

– Je ne comprends pas de quelle planète elle vient, elle ne fait rien comme les autres !

– Un jour, elle va comprendre et entrer dans le moule.

C'est pour contrer l'effet que peuvent avoir de tels propos sur nous que Louise Hay propose l'exercice du miroir.

«   [Votre nom] , je t'aime et je t'approuve. »

L'auteure affirme que, par cette simple phrase, on s'adresse à notre essence, avec tout ce que ça implique, même nos comportements qui pourraient être améliorés.

On peut se le dire à soi, mais aussi le dire aux autres. Quand je pense ou que je dis à voix haute : « Michelle, je t'aime et je t'approuve », c'est l'essence de Michelle que j'aime, sans nécessairement approuver tous ses actes et ses comportements. Quelle est la différence entre l'essence d'une personne et ses actes? L'essence relève de l'être, les actes et les comportements relèvent du faire. C'est le meilleur moyen de savoir si vous avez du ressentiment envers quelqu'un. Si c'est le cas, vous serez incapables de dire cette phrase en pensant à l'autre. Pour moi, c'est un baromètre qui me permet de savoir si j'ai à pardonner à quelqu'un.

Je tente de mettre le doigt précisément sur ce qui accroche dans notre relation en notant pourquoi j'en veux à cette personne et comment je me sens en sa présence.

Récemment, j'ai fait l'exercice avec la fille de dix-sept ans de mon *chum* et le fait de définir le malaise que je ressentais par rapport à notre relation m'a permis de m'en libérer. Ces dernières années, je me suis sentie manipulée et prise en otage par elle, car, selon moi, elle se plaît à croire des choses pour excuser ses comportements. Ou encore, elle exagère une situation pour « faire pitié », dans le but d'aller vivre chez sa mère. Ça me fait penser à une dynamique qu'on retrouve parfois en cour, au palais de justice, lorsqu'il est question de garde d'enfants. Vous savez, lorsqu'un des parents ment, invente ou exagère dans le but d'avoir la garde?

Vous comprendrez que, dans cette situation, j'ai de la difficulté à dire à la fille de Cœur Pur que je l'aime et que je l'approuve! Mais je progresse et j'espère bien y parvenir un jour… Le fait d'avoir claire-ment déterminé notre dynamique (après plusieurs tentatives infruc-tueuses) m'a permis de prendre du recul, c'est-à-dire de ne plus m'en faire, de ne plus forcer les événements et d'accepter la situation telle qu'elle est sans avoir à me justifier et sans m'en vouloir.

Quelle est l'une des choses les plus difficiles à faire au monde? S'aimer. Je crois que, même à la fin de notre vie, il nous sera impos-sible de cocher la petite case à côté de « m'aimer », sur notre liste des choses essentielles à accomplir sur terre.

Me suis-je vraiment aimée au cours de ma vie? Ai-je eu le senti-ment d'être une personne ayant une grande valeur ou ai-je passé mon temps à essayer de me changer pour pouvoir enfin m'aimer? Je crois que, pour la plupart d'entre nous, c'est la deuxième option qui prévaut.

Selon moi, Louise Hay est l'auteure ayant le mieux expliqué le concept de s'aimer soi-même. J'ai lu mon premier livre d'elle à l'âge

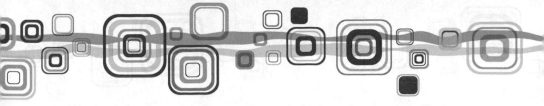

de seize ans et un passage magnifique de la fin m'a marquée. En voici un court extrait :

> « Au centre profond de mon être se trouve un puits infini d'amour. Je laisse à présent cet amour déferler à la surface. Il remplit mon cœur, mon corps, mon esprit, ma conscience, il émane de moi [...] et me revient amplifié. Plus je donne d'amour, plus j'en ai à donner [...].
>
> Je m'aime donc, je prends soin de mon corps avec amour.
>
> Avec amour je lui donne aliments et boissons qui le nourrissent.
>
> Avec amour je le soigne et l'habille.
>
> Avec amour, il me répond à son tour en vibrant de santé et d'énergie[9]. »

J'ai lu ce texte à haute voix et je me suis enregistrée sur une cassette que j'ai écoutée des dizaines de fois. À une certaine période de ma vie, avant que je fasse un geste ou une action, chacune de mes réflexions commençait par : « Je m'aime, donc... » Par exemple :

- Je m'aime, donc je vais me coucher tôt ce soir.

- Je m'aime, donc je vais régler le conflit que j'ai avec Lise.

- Je m'aime, donc je vais partir à l'avance pour arriver à l'heure.

Vous l'essaierez, vous verrez à quel point ça donne envie d'être bonne pour soi !

En suivant ce principe, on ne se dira pas : « Je m'aime, donc je vais manger cette tarte au citron au complet » ou « Je m'aime, donc je vais me saouler ce soir »...

C'est ce tout petit exercice qui m'a permis de prendre conscience de chaque acte qui n'en était pas un d'amour envers moi-même.

---

9.   Louise L. HAY, *Transformez votre vie*, ADA, 2010, p. 244.

Je vous invite maintenant à vous poser ces questions :

- Combien de fois par semaine vous méprisez-vous?

- Combien de fois par semaine vous tapez-vous sur la tête?

- Combien de fois par semaine avez-vous honte d'être celle que vous êtes?

- Combien de fois par semaine auriez-vous aimé agir autrement?

- Combien de fois par semaine vous reprochez-vous de ne pas avoir fait la bonne chose?

- Combien de fois par semaine vous comparez-vous aux autres?

- Combien de fois par semaine doutez-vous de vous?

- Combien de fois par semaine affirmez-vous à voix haute que vous n'avez « pas d'allure »?

- Combien de fois par semaine vous promettez-vous de changer?

Souvent. Trop souvent. Et cela n'a rien à voir avec la confiance en soi, mais plutôt avec l'estime de soi. La confiance en soi est liée à notre savoir-faire, tandis que l'estime de soi est liée à notre savoir-être.

Savons-nous vraiment être? Valorisons-nous davantage l'être plutôt que le faire? Il suffit de s'écouter parler pour en tirer des conclusions...

ON DIT :

- Qu'est-ce que tu fais de bon?

Au lieu de...

- Qu'est-ce que tu deviens?

ON DIT:

- Est-ce que j'ai réussi à faire tout ce que je devais faire, aujourd'hui?

Au lieu de...

- Est-ce que j'ai réussi à être tout ce que je voulais être, aujourd'hui?

ON DIT:

- Je veux me faire du bien!

Au lieu de...

- Je veux être bien!

ON DIT:

- Je veux faire une différence dans la vie des autres.

Au lieu de...

- Je veux être une différence dans la vie des autres.

ON DIT:

- Je veux faire une belle carrière.

Au lieu de...

- Je veux être une personne qui a une belle carrière.

Je vous entends penser: «Oui, mais il y a des choses à faire dans la vie! On ne peut pas juste être...» À cela, je réponds: vous ferez beaucoup plus en étant. Et ça commence par un simple regard dans le miroir, accompagné de la phrase: «Je m'aime et je m'approuve.»

Ma place

L'année dernière, dans le cadre de l'émission *Qu'est-ce qu'on attend pour être heureux?* dans laquelle je tenais une chronique, la productrice m'a demandé d'écrire un résumé de mon parcours professionnel à ajouter au site Internet. La consigne : quelques lignes seulement. Comment résumer en quelques lignes trente ans d'expériences professionnelles toutes plus riches les unes que les autres ? Il y a d'abord eu *Sonatine*, le film de Micheline Lanctôt, où j'ai tenu mon premier rôle au cinéma à l'âge de quinze ans, puis *Chambres en ville*. Quelques années plus tard, j'ai été recherchiste à l'émission *Claire Lamarche*, j'ai écrit au moins mille chroniques pour *Les amuse-gueules* et *Le mec à dames* avec Jean-Pierre Coallier, *Quoi de neuf* avec Danielle Rainville, *Les 400 coûts* avec Stéphane Garneau, et la radio avec Patrice L'Écuyer. Sans parler des documentaires diffusés à Canal Vie auxquels j'ai participé... Je pourrais continuer ainsi pendant trois pages, alors vous comprendrez que j'étais bien embêtée de « résumer » ma carrière en si peu d'espace.

Si j'avais une carte professionnelle, qu'est-ce que j'y écrirais ? Comédienne ? C'était dans une autre vie. Animatrice ? Une fois de temps en temps, oui. Auteure ? Oui, mais pas à temps plein. Conférencière ? Si on veut, mais je ne m'identifie pas tellement à ce titre, parce que les rencontres que j'organise sont des rassemblements humains où on échange. Puis, de nos jours, tout le monde s'improvise conférencier ou conférencière... Chroniqueuse ? D'accord, mais

je choisis seulement les contrats qui me permettent de parler de ce qui m'intéresse. Alors, quel est mon métier? Qu'est-ce que j'écris sur ma carte professionnelle? Rien. Parce que ma carrière ne se décrit pas en un seul mot!

Même si j'ai une formation universitaire en communication, je ne sais pas comment décrire ma profession. Je vis des choses et ensuite j'en parle, voilà ce que je fais. Dans mes livres, dans mes conférences, dans mes chroniques à la télé ou à la radio, dans les tables rondes où je suis invitée... Je suis membre de l'Union des artistes depuis plus de trente-cinq ans, mais je ne me considère pas nécessairement comme une artiste. J'ai beau créer des projets, organiser moi-même mes conférences, faire ma propre publicité et m'occuper de tous les aspects du marketing et de l'administration, je ne me considère pas comme une femme d'affaires... Humoriste, alors? Même si j'ai écrit des textes humoristiques pour le magazine *Délire* pendant des années et pour l'émission *Punch!* à Télétoon, même si les femmes qui viennent me voir en conférence me disent que je les ai fait pleurer de rire et qu'elles ont eu l'impression d'avoir assisté à un *show* d'humour, je ne me qualifierais pas d'humoriste...

«Eh *boy*, ma fille, va falloir que tu te branches à un moment donné!» me répète mon ego depuis trente-cinq ans. Si je ne me suis pas branchée jusqu'à maintenant, est-ce parce que je ne suis «branchable» nulle part? Ou parce que la prise sur laquelle je pourrais me brancher n'est pas compatible avec moi? Et si je pratiquais tous ces métiers pour camoufler le fait que je n'ai pas vraiment de talent dans un seul en particulier?

J'en étais à toutes ces réflexions et remises en question lorsque j'ai décidé de prendre une pause et de remettre à plus tard la rédaction de mon résumé de carrière. Je me suis dit que, d'ici là, j'aurais sans doute trouvé mon titre officiel. Je suis donc allée faire quelques commissions avec Madeleine, puis nous avons préparé le souper en famille et passé à table. Vers vingt et une heures, l'heure chérie que

j'aime tant parce que le téléphone ne sonne plus, que les courriels n'affluent plus, que mon *chum* et les enfants vaquent à leurs occupations, je me suis enfermée dans mon bureau avec la certitude de ne pas être dérangée pendant au moins deux heures.

De retour devant mon ordi, dans la quiétude de mon petit lieu de travail, seule avec le silence et ma page blanche, j'ai senti mes doigts se promener sur le clavier et taper cette phrase :

**Je vis de mon métier depuis plus de trente ans,
et mon métier c'est de VIVRE.**

Cette phrase que j'ai cherchée toute ma vie est sortie toute seule, comme ça, comme un cadeau.

Vous dire l'effet qu'elle a eu sur moi... vous ne pouvez pas savoir. Je venais de trouver ma place, je venais de comprendre que j'avais le droit d'être là et de rayonner, même si j'ai l'air d'une personne incapable de se brancher. Au contraire, je suis branchée en permanence sur... la vie! Ça peut être long de trouver sa place. Pas celle que les autres veulent nous donner ou celle qu'ils veulent nous voir prendre, mais celle qui nous appartient, celle sur laquelle la vie a placé un gros carton où il est écrit «RÉSERVÉ», celle où personne d'autre que soi n'ira s'asseoir. Il faut passer des années à marcher sur des sentiers en bordure de la grand-route, des années à prendre les chemins de traverse, des années à se dire qu'on devrait faire comme tout le monde et embarquer sur l'autoroute. Ce serait tellement plus facile; il y aurait de gros panneaux verts pour nous indiquer le chemin!

Des années à continuer de suivre sa boussole, sans trop savoir pourquoi, mais avoir la certitude que de suivre le troupeau «pogné» dans le trafic sur l'autoroute la plus fréquentée à l'heure de pointe n'est pas pour soi. Poursuivre sa route, même s'il n'y a pas une journée qui passe sans qu'on pense à rebrousser chemin, parce qu'on a peur de ne jamais trouver sa place.

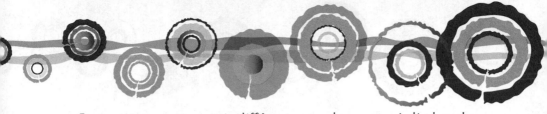

Je me suis toujours sentie différente et, selon ce que je lis dans les courriels que vous m'envoyez, je ne suis pas la seule. Pas différente par besoin de me démarquer ou de ne rien faire comme les autres, mais pour rester moi-même. J'ai longtemps cru aussi (à tort) que, puisque j'étais marginale, je devais en payer le prix. Étant donné que je ne voulais pas (je devrais écrire « pouvais pas ») entrer dans le moule, je n'avais pas droit au même bonheur que les autres. Je devais être punie.

Lors d'une conversation au restaurant avec ma fille Adèle et ma sœur Brigitte, j'ai fait une montée de lait à ce sujet. J'aurais pu l'intituler : « On n'a pas à être punie parce qu'on est différente ! » Une autre phrase a découlé de cette discussion : « *C'est pas parce qu'on fitte* **nulle part qu'on a pas sa place.** »

— Écris-le quelque part, c'est trop bon ! se sont exclamées Adèle et Brigitte en chœur.

J'ai pris un bout du napperon et j'y ai transcrit ma phrase, mot pour mot.

À toutes celles qui, comme moi, ressentent cette impression de ne pas avoir leur place, j'affirme qu'elles se trompent. Vous êtes peut-être en train de la chercher, mais je vous assure que, peu importe à quelle étape du processus vous vous trouvez, vous êtes en train de la trouver. Plus vous marchez sur le sentier de votre vie, plus vous vous approchez de votre destination. Ça, j'en suis convaincue.

Je vous souhaite de garder confiance en votre boussole personnelle, car elle vous guidera exactement là où vous devez être. Je vous souhaite aussi d'avoir suffisamment foi en la vie pour ne pas succomber aux doutes qui vous feraient rebrousser chemin. Je vous souhaite de continuer à marcher vers là où vous devez aller, même si c'est difficile, même si vous avez l'impression d'être perdues dans le bois, même si les arbres vous cachent la vue. Je sais avec certitude qu'un jour, on en sort, du bois, et que ce qui se trouve alors devant

nous est magistral. C'est encore plus beau que ce qu'on a imaginé dans nos rêves les plus fous. Devant nous se trouve notre place juste à nous.

Lorsque vous l'aurez trouvée, vous pourrez faire un X sur le calendrier et vous dire merci. Merci d'avoir persévéré, merci d'avoir eu ce courage malgré la peur, les doutes et le jugement des autres.

Lorsque j'ai compris que mon métier, c'était de vivre, j'ai ressenti un apaisement énorme. Et je me suis dit : « Tu vas travailler longtemps, ma belle ! »

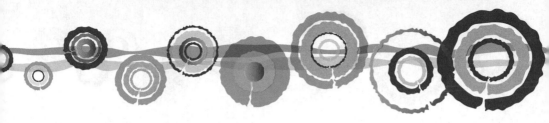

Dolo

En mars dernier, Dolo, la meilleure amie de mes parents (presque une tante pour moi) m'a fait une requête très émouvante. Elle a désiré me rencontrer, quelques jours avant sa mort. Dolo était très malade depuis des mois et j'avais parlé à plusieurs reprises avec sa fille, Anika. Chaque fois, elle me disait que Dolo ne voulait pas recevoir de visite, à part celle de ses enfants. Puis, il y a eu ceci : « Ma mère aimerait passer un moment seule avec toi, elle a des choses à te dire, elle a quelque chose à te demander. »

On a organisé la rencontre à la maison familiale. C'était le jour de mon anniversaire et je n'aurais pas pu souhaiter plus beau cadeau... Lorsque je suis arrivée, Dolo dormait sur son divan. J'ai installé un fauteuil à côté d'elle et je l'ai regardée dormir. À son réveil, je l'ai prise dans mes bras, longuement. Elle s'est mise à parler et voulait même se lever pour faire à manger.

Anika m'avait avertie que notre tête-à-tête ne serait pas très long, que j'aurais de la difficulté à entendre ce que sa mère disait, car elle n'avait plus beaucoup de force pour parler. Une rencontre qui devait durer trente minutes a duré près de trois heures...

Dolo m'a dit qu'elle était désolée de me déranger (!!), mais qu'elle voulait absolument que ce soit moi qui lise un mot à ses funérailles.

Je ne sais pas si vous avez déjà vécu une telle situation, mais c'est vraiment troublant. Se retrouver avec une personne qu'on aime beaucoup et avoir peu de temps pour lui faire raconter sa vie, pour saisir son message et son essence afin de les transmettre ensuite en mots. Le temps semble irréel, tout flotte, tout est suspendu... le temps de recueillir l'essence d'une vie.

Chaque fois que je voyais Dolo, et déjà quand j'étais toute petite, elle me donnait un sac rempli de boules de gomme à mâcher. Ce jour-là n'a pas fait exception... Elle m'avait préparé un sac, que je vais conserver précieusement.

J'ai le goût de partager avec vous le texte que j'ai écrit à sa demande. Malheureusement, je n'ai pas pu le lire aux funérailles, car je travaillais ce dimanche-là, mais j'ai imaginé une mise en scène originale. Je suis retournée à la maison de Dolo et son fils, Bruno, m'a filmée pendant que je racontais ma visite en ces lieux, quelques jours plus tôt, à la demande de Dolo. J'ai fait les mêmes gestes et placé un fauteuil à côté du divan où elle dormait. Il était toujours là, mais vide. Puis, j'ai lu à la caméra le texte qu'elle avait voulu que j'écrive. La vidéo a été diffusée sur un grand écran dans la petite chapelle du complexe funéraire.

Le voici...

J'ai envie de vous parler de ce que j'ai vu dans ses yeux ce jour-là... l'immensité de la vie.

Ce que j'ai vu dans ses yeux ce jour-là, c'est une lumière, belle comme le ciel, vive comme celle qui était devant moi, malgré ses forces qui l'abandonnaient. L'intensité de cette lumière s'est imprégnée en moi et elle ne me quitte plus depuis. Comme si, dans les yeux de Dolo à cet instant précis, se trouvait

un concentré de toute la chaleur, la lumière et la tendresse qu'elle avait distribuées à chacun et chacune de nous, tous les jours de sa vie. Un concentré «cent pour cent Dolo», extrait de ce qu'elle avait de plus précieux: sa force tranquille, son engagement à combattre l'injustice, sa compassion.

Certaines personnes entrent en religion, Dolo, elle, est entrée très tôt en compassion. Elle était là, devant moi, et je recevais en plein cœur toute cette douceur, toute cette espièglerie qui la caractérisaient. L'essence même de toute une vie. J'avais devant moi à la fois une femme de soixante-dix-sept ans et une petite fille de sept ans. Elle n'a pas eu besoin de tout me raconter, elle n'a eu qu'à me regarder et j'ai su ce qu'elle voulait me dire. Ce qu'elle voulait NOUS dire.

Je crois qu'elle a voulu nous dire qu'elle a aimé sa vie. Sa vie, parfois difficile, mais toujours riche et remplie de sens. Elle a aimé sa vie parce qu'elle a été fidèle à celle qu'elle était. Oui, elle se serait peut-être accordé plus de repos; oui, elle se serait peut-être plus gâtée; oui, elle se serait peut-être plus «éclatée»; mais, pour ce qui est d'avoir été elle-même à cent pour cent, Dolo ne peut rien regretter. Elle n'existait que pour les autres et, à ce chapitre, elle aurait pu nous donner des leçons. Mais ce n'était pas son genre de vouloir donner des leçons. Non seulement ce n'était pas son genre, mais je crois qu'elle n'a jamais su à quel point tout le monde l'admirait et prenait exemple sur elle. Je suis certaine qu'elle ne nous croirait pas si on lui disait à quel point tout le monde se sentait «quelqu'un», à ses côtés. Jamais de jugement, jamais d'étiquettes… Ce n'est pas pour rien que la maison était toujours pleine de gens! Quand on a froid, on a envie de la chaleur d'un foyer… Elle en a réchauffé, du monde, Dolo, mais, si vous aviez le malheur de commettre une injustice devant elle, sa chaleur pouvait se transformer en volcan! Elle pouvait brûler

de rage, avoir le feu là où vous savez, déplacer des montagnes et crier à l'injustice. Et elle ne faisait pas que crier, elle agissait. Jour et nuit... car Dolo ne dormait pas beaucoup. Elle réglait le sort du monde vingt-quatre heures sur vingt-quatre, sept jours sur sept. Pas de repos, toujours une tâche humaine à accomplir, toujours du monde à réchauffer. Travailler pour ne jamais manquer de bûches à mettre dans le poêle à bois. Travailler sans relâche pour qu'il fasse toujours chaud pour tout le monde, surtout pour ceux qui ont froid.

Ce que j'ai vu dans ces yeux, ce jour-là, c'est le regard d'une femme qui allait partir et qui le savait. Une femme qui avait terminé son œuvre et qui était en paix avec ce qui l'attendait. Une femme qui avait hâte d'aller rejoindre Marcel. Une femme qui était triste de quitter sa famille et ses amis, mais qui savait qu'elle allait vivre autrement, maintenant que sa vie physique sur terre était terminée.

Elle m'a dit que Marcel était présent autrement, depuis qu'il n'était plus là, et que ce serait pareil pour elle. On a parlé de tout et de rien, comme on le fait souvent dans la vie. Sauf que là, il n'y avait pas de RIEN, que du TOUT, car on n'était plus dans la vraie vie, mais plutôt dans ce qu'il y a de plus vrai. Elle savait qu'elle était sur le point de mourir et elle n'avait pas peur; je le lui ai demandé. Je sais que c'est la vérité, car il y avait une paix dans tout son être.

Elle était prête à partir.

La fin d'une vie avec tout ce que ça comporte de tendresse, de tristesse et d'allégresse.

On a parlé presque trois heures.

Le temps ne comptait plus.

Dolo racontait ses souvenirs, sans chronologie précise.

Elle avait sept ans... puis trente-sept ans.

Petite fille au Lac-Saint-Jean... puis jeune mariée bien de son temps.

Je lui ai posé toutes les questions qui me traversaient l'esprit. Celles qu'on pose quand on a eu la permission de le faire, celles qu'on pose quand il n'y a plus beaucoup de temps.

Ça allait de « as-tu des regrets » à « qu'est-ce qui te poussait à continuer dans les moments difficiles », sans oublier « quels ont été tes plus beaux souvenirs » ?

Et, quand une question la faisait réfléchir, elle fermait les yeux pour y penser, car elle savait que c'était la dernière fois qu'elle y répondait.

Parfois, c'est les yeux pleins d'eau qu'elle commençait le récit d'une anecdote, d'un souvenir...

Ce n'était pas un bilan ni une confession, mais un échange que j'ai vécu pour vous tous.

J'ai pu lui dire ce que vous lui auriez sans doute dit aussi :

« Tu as été une saprée bonne personne, Dolo ! Tu as fait le bien autour de toi. »

Puis, quand il n'y a plus de mots, quand tout a été dit, mais qu'il y a pourtant encore tellement de choses à exprimer, on laisse le silence prendre la relève. Après tout, il parle mieux que bien des mots...

Dans ce moment de silence, à la fin de notre belle rencontre, il y avait tout ce que Dolo voulait nous confier.

Et ça se résume en un mot de cinq lettres.

MERCI !

J'ai entendu ce mot et je vous le transmets de sa part.

En notre nom à tous, je me suis permis de lui dire, les yeux dans les yeux, en prenant ses mains pour qu'elle le reçoive bien :

MERCI, MA BELLE DOLO !

Et elle a compris ce que ça signifiait. Je le sais.

Avec Dolo, le jour de notre dernière
rencontre.

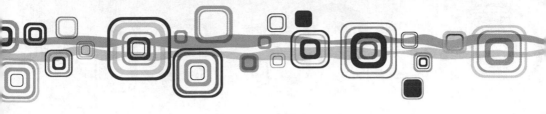

Laisse faire,
j'me comprends!

« Laisse faire, j'me comprends » est la phrase la plus tranchante que je connaisse. Elle coupe la communication, elle coupe l'envie de s'expliquer, elle coupe le désir d'écouter l'autre, elle coupe la libido, elle coupe toute tentative de rapprochement. Je ne dis plus cette phrase. Je la disais pourtant régulièrement, avant.

Avant que je m'engage à cent pour cent à avoir une vie comme je l'aime, une vie authentique, avec des communications authentiques, des échanges parfois houleux, parfois costauds, mais sans cette phrase-couteau. Des relations où on dit ce qu'on pense, où on fait confiance à l'autre, parce qu'on croit que notre entourage mérite d'avoir accès à nos sentiments, à nos réflexions, pour évoluer. La communication nous permet de nous sentir liés les uns aux autres, pas coupés de nos proches.

Dans une année, combien de fois dit-on cette phrase (à voix haute ou en pensée)? Souvent. Elle peut avoir plusieurs significations.

Laisse faire, j'me comprends!

Peut vouloir dire : « Veux-tu me sacrer la paix? »

Laisse faire, j'me comprends!

Peut sous-entendre: «Tu es trop imbécile/insensible pour me comprendre et ça ne donnerait rien que je prenne le temps de m'expliquer.»

Laisse faire, j'me comprends!

Sert aussi à couper court à la conversation, parce qu'au fond, je ne me comprends pas, je suis «mêlée». Alors je prétends que c'est l'autre qui ne me comprend pas et je préfère dresser un mur de silence entre nous, pour éviter d'avoir à m'expliquer.

Laisse faire, j'me comprends!

Peut aussi signifier: «Je ne veux pas en parler, c'est un sujet trop explosif, délicat ou épineux. Et, de toute façon, tu ne comprendrais pas mes besoins si je les exprimais. Je vais me réfugier dans le silence en me donnant ainsi raison, et ce, même si tu me demandes sans arrêt ce que j'ai.» Mais comment l'autre pourrait-il me dire ce que je veux entendre si je coupe toute communication?

Laisse faire, j'me comprends!

«J'me comprends tellement que je ne comprends pas que toi, tu ne comprennes pas ce qui est pourtant si simple à comprendre!» À cela, on a le goût de répondre: «Si tu te comprends tant que ça, pourquoi tu ne t'expliques pas? Tu n'as pas le goût qu'on comprenne, nous aussi?»

Laisse faire, j'me comprends!

Sous-entend: «J'ai des données importantes que tu n'as pas. Je suis la seule à avoir l'information me permettant, à moi uniquement, de comprendre cette situation et de traverser ce moment pénible la tête

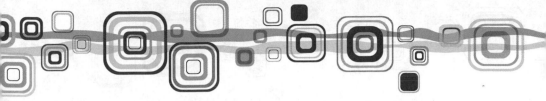

haute. Toi, tu n'as pas accès à ces informations, alors tu demeures dans le flou, avec l'impression de ne pas être dans la *game*.»

LAISSE FAIRE, J'ME COMPRENDS!

Peut vouloir dire: «Je sais pertinemment que, si je t'en parle, ça pourrait nous rapprocher. Je suis allergique à l'harmonie. Je préfère bouder et gâcher notre journée plutôt que de mettre mon orgueil de côté et de t'expliquer comment je me sens.»

Chaque fois qu'on prononce ces mots, on s'éloigne de notre fierté intérieure de femme capable de se tenir debout, capable de communiquer, capable de *dire*. Dire haut et fort ce qu'on pense, avec tout ce que ça implique. Mais, parfois, dire aussi tout bas, en chuchotant, parce qu'on est incapable de faire autrement... Parfois dire en sanglotant ou de façon confuse. Parfois en ayant peur de dire mal, dire trop, mais DIRE, bon Dieu! Dire les choses telles qu'on les vit (et non telles qu'on devrait les vivre), dire ce qui nous a blessée, dire ce qu'on aime, ce qui nous fait rire, ce qui nous freine, ce qui nous fait avancer. Dire qui on est et qui on n'est pas. Pas ce que les autres veulent entendre, pas ce qu'on devrait dire pour être une bonne fille... Se dire.

Quand on arrivera à exprimer exactement ce qu'on pense, tous les jours de notre vie, dans toutes les situations, plus jamais on ne prononcera cette phrase-couteau: «Laisse faire, j'me comprends!»

On aura envie de déclarer fièrement: «Non, ne laisse pas faire. Viens ici, j'ai quelque chose à te dire. Je ne comprends peut-être pas bien les sentiments qui m'habitent, mais je te fais le cadeau de m'ouvrir à toi.»

Voilà, tout est dit.

Déceptions

Je pense que, quand on devient parent, on se questionne beaucoup sur le genre de mère qu'on veut être et ce qu'on se promet de ne jamais faire subir à nos enfants. Moi, je m'étais juré de ne jamais dire à mon enfant qu'il m'avait déçue ou de lui faire sentir qu'il était un être décevant. On peut se fâcher et crier à cause de tel ou tel comportement qu'il a eu, mais lui déclarer «tu m'as vraiment déçue» ou «tu me déçois» devrait figurer sur notre liste des interventions à proscrire.

J'ai tenu parole, parce qu'en vingt-huit ans de vie de mère, JAMAIS je n'ai dit à mes filles qu'elles m'avaient déçue. Oui, elles ont eu des comportements parfois inacceptables, elles ont claqué des portes, elles ont menti, elles ont fumé, elles ont séché des cours et j'en passe, mais jamais je ne leur ai fait sentir que leur valeur avait diminué à mes yeux. J'ai souvent affirmé : «Ce n'est pas toi qui es décevante, c'est ton comportement.» L'idée n'est pas de balayer sous le tapis les erreurs de nos enfants, loin de là! Lorsque c'était mérité, j'ai su me montrer très sévère (et je ne le regrette pas une minute). J'ai imposé des punitions dont elles se souviennent encore aujourd'hui et j'assume toutes mes interventions. Je savais ce que je faisais et mes filles savaient qu'elles ne me feraient jamais plier. Il y avait des limites à ne pas dépasser et, quand elles s'y essayaient, elles en payaient le prix. Mais il était hors de question pour moi de les humilier ou de les insécuriser et c'est pour cette raison que la

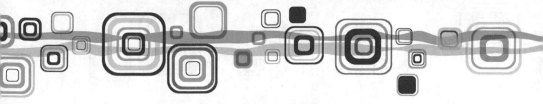

déception n'a jamais eu sa place dans mon approche éducative. Je pouvais leur dire que j'étais fâchée, que je n'en revenais pas qu'elles aient agi ainsi, que ce n'était vraiment pas fort, mais déçue, non.

En tant qu'adulte, imaginez que votre partenaire de vie, votre patronne, votre sœur ou votre voisine vous dise que vous l'avez déçu(e)... c'est la pire chose qu'on puisse entendre! On ne veut tellement pas entendre ce mot qu'on fait tout, tout le temps, pour ne pas décevoir les autres.

On en donne plus que le client en demande, on est toujours disponible, organisée, « en mode solutions », on écoute les récits de nos copines pour la ixième fois, on n'ose pas dire non, on est conciliante, on ne se choque jamais, on a bon caractère, on sourit même si on est fâchée, on fait des heures supplémentaires, on garde les enfants de notre voisine, on ment... tout ça parce qu'on ne veut surtout pas entendre la phrase qui tue : « Tu me déçois beaucoup. »

J'ai toujours agi différemment des autres, dans ma vie, et j'ai beaucoup souffert d'avoir cru longtemps qu'il n'y avait qu'une seule façon de bien faire les choses. Je tentais alors de répondre aux attentes, selon LA seule façon de faire acceptable, en pensant que, si j'y dérogeais, je décevrais. Puis, un jour, pendant que je rédigeais mes pages du matin, j'ai écrit cette phrase en gros au verso de la page couverture de mon cahier : « Et si c'était moi qui l'avais, l'affaire? » J'ai arraché la page pour l'accrocher à mon babillard et ainsi la voir tous les jours. L'idée a fait du chemin dans mon esprit et j'ai commencé à « valider » ma façon de faire différente au lieu de la mépriser et de constamment me discréditer devant les autres ou me justifier avec des prétextes du genre :

- T'sais, moi, l'organisation... c'est pas mon fort !

- T'sais, moi, j'utilise encore un agenda papier.

- T'sais, je suis pas ben ben bonne là-dedans...

En brisant ce *pattern*, j'ai aussi commencé à trouver inacceptables toutes les allusions au sujet de ma différence, allusions souvent énoncées par des personnes m'ayant lancé la fameuse affirmation : «Tu me déçois beaucoup.»

Aujourd'hui, cette phrase coule sur moi comme l'eau sur le dos d'un canard. J'ai même une réplique toute prête pour la prochaine personne qui me dira ces mots.

— Tu me déçois beaucoup, Marcia...

— Ah oui? Tu es déçue de moi?

— Oui, énormément.

— C'est parce que tu avais des attentes et que ça s'est pas passé comme TOI, tu le voulais, comme TOI, tu l'aurais fait.

— C'est parce que c'est pas comme ça qu'il faut faire, tout le monde sait ça!

— C'est pas comme ça que TOI, tu le fais, mais l'important, c'est : est-ce que la *job* a été faite, en fin de compte? Les délais ont-ils été respectés? Les résultats sont-ils là?

— ...Euh, oui, la *job* est faite.

— Pas comme TOI, tu l'aurais faite, mais tu es contente?

— Oui, mais, la prochaine fois, il faudrait que tu agisses selon les règles.

— Non, la prochaine fois, je vais agir de la même façon, selon qui je suis, car ma façon, même si elle est différente, fonctionne tout autant que la tienne. Ça te fâche de ne pas pouvoir me contrôler et c'est pourquoi tu essaies de me faire *feeler cheap* avec ta déception, mais, comme tu peux le constater, ça «pogne» plus du tout sur moi.

Sincèrement, je ne crois pas devoir en arriver un jour à dire à quelqu'un qu'il m'a déçue. Je ne veux pas me retrouver dans cette

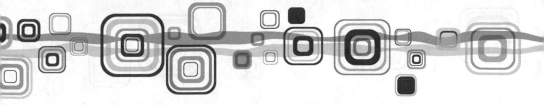

situation, car, selon moi, c'est une perte d'énergie et de temps. Je peux affirmer que les gens « contrôlants » peuvent être très méchants, car ils détestent que leur ego soit bousculé, mais je sais maintenant que je l'ai, l'affaire, même si je fais les choses autrement. J'ai longtemps essayé d'être comme les autres, d'aimer la routine, d'établir un budget, d'être réaliste… mais je trouvais que vous n'aviez pas l'air heureuses et c'est ce qui m'a mis la puce à l'oreille. Je n'avais pas envie de cette vie! J'ai donc essayé d'être comme moi et j'ai réussi.

Pendant que je m'efforçais de plaire aux autres pour ne pas les décevoir, je n'accordais plus de temps et d'énergie à mes projets. Je me suis posé la question suivante : « Toi, Marcia, tu n'es pas écœurée de te décevoir, de toujours passer en dernier? Tu veux que tout le monde soit fier de toi, mais, quand ça concerne tes projets, ce n'est jamais grave. Tu peux retarder les échéanciers, te convaincre que ce n'est pas important, te faire croire qu'un jour tu auras le temps… sauf que tu fermes les yeux sur ta propre déception devant ton abdication. »

Maintenant que j'ai compris que moi aussi, je l'ai, l'affaire, mes projets sont ma priorité et je n'ai plus aucune gêne à me faire passer avant les autres.

Après tout, la seule personne au monde que je ne veux pas décevoir, c'est moi!

Mastermind

Du plus loin que je me souvienne, j'ai toujours tout fait pour avoir une belle vie, être bien dans ma peau, être qui je suis. Ce désir ardent m'a poussée très jeune à lire des ouvrages de croissance personnelle, à assister à des fins de semaine de conférences et à aller en thérapie. Grâce à mes démarches, j'ai glané ici et là des outils qui m'ont aidée (et qui m'aident encore) à vivre de façon plus équilibrée. Mon métier m'a permis de les partager avec d'autres femmes.

Si vous me demandiez de choisir d'utiliser un seul de ces outils jusqu'à la fin de mes jours, j'opterais sans hésiter pour le Mastermind. Je consacre une soirée par mois à ce formidable concept. Je dois vous dire que le nom de la technique ne me plaît pas du tout, mais c'est comme ça que ça s'appelle... Il ne s'agit pas du jeu du même nom (celui avec les petites « pitounes » de couleur)... Eh non ! Il s'agit plutôt d'une approche très concrète, facile à appliquer, gratuite et qui donne des résultats étonnants.

À l'âge de vingt-trois ans, j'ai suivi une formation où on m'a enseigné cette méthode, qui compte parmi les plus puissantes et efficaces que j'ai pu expérimenter. Nous avions une rencontre tous les mercredis, pendant quinze semaines.

Comment est né le Mastermind ? C'est Jack Boland, un Américain qui aimait l'efficacité de l'approche en douze étapes des Alcooliques Anonymes, qui a créé les groupes de transformation Mastermind. Il

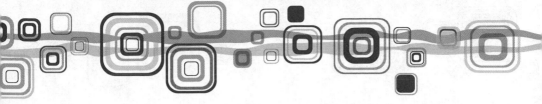

a voulu adapter l'approche des AA pour que les gens n'ayant pas de dépendance à l'alcool puissent en bénéficier.

Le principe?

Chaque mois, deux ou trois personnes se rencontrent pour écrire leurs objectifs, leurs désirs et leurs demandes à l'Univers pour le mois à venir. Les groupes peuvent être formés d'amis, de membres d'une même famille, peu importe, mais il doit s'agir de personnes avec qui vous êtes parfaitement à l'aise et qui ont à cœur votre succès. (Donc, pas de jalousie ni de *bitchage*!)

Cette rencontre mensuelle se déroule toujours de la même façon : le groupe se donne rendez-vous dans un lieu intime, où tout le monde sera libre de parler en toute authenticité. Une maison privée est idéale; les enfants et les conjoints sont absents, de préférence.

La marche à suivre est très précise. On procède d'abord à la lecture de nos demandes/objectifs à notre partenaire, qui nous aide à mieux les formuler pour en retirer l'essence. Puis on inverse les rôles.

Nos demandes doivent être élaborées en fonction de notre horaire (pour le mois qui vient). On détermine ce qui nous stresse, nous dépasse ou nous préoccupe, dans toutes les sphères de notre vie (famille, amis, travail, etc.).

- un rendez-vous médical pour un ennui de santé;

- une fête à organiser;

- un rapport à remettre à notre supérieur;

- une inquiétude par rapport à notre ado, notre sœur, notre chien, nos parents;

- une rencontre avec un nouvel amoureux;

- une décision importante à prendre;

- un problème de logistique;

- une maison à vendre;

- une entrevue pour un emploi;

- un problème de voiture;

- la planification des vacances (estivales, durant la relâche scolaire, à Noël, etc.).

À partir de notre réalité, on formule ce qu'on désire vraiment, et c'est là que tout se joue : la formulation des demandes est l'étape la plus importante. Il faut réussir à les écrire sur papier de façon à ce qu'elles ne renferment AUCUNE solution en elles-mêmes, c'est-à-dire pas de « comment », de « qui », de « quoi », de « où » ni de « combien ».

Voici un exemple.

Je demande, dans le mois à venir, d'aller me reposer dans un chalet. Cette demande devra être retravaillée, car elle comporte une solution.

La question de base serait la suivante : quel est mon véritable besoin, mon véritable désir ?

La réponse : me reposer.

Si j'écris « me reposer dans un chalet », je propose d'emblée la solution avec un « où » (le chalet). Ce que je dois écrire sur ma feuille, c'est que je demande du repos, un point c'est tout.

Autre exemple.

Je demande, dans le mois à venir, une réconciliation avec Gilles.

La question : quel est mon véritable besoin, mon véritable désir en ce qui concerne ma relation avec Gilles ?

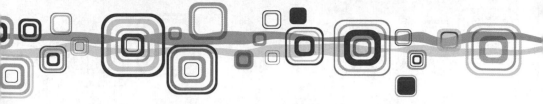

La réponse : être éclairée sur la façon d'agir avec Gilles pour être libérée de mes préoccupations, trouver la solution adéquate pour avoir une meilleure relation avec lui.

Voyez-vous que, si je demande une réconciliation, je propose une solution ? Il y a un « comment » dans ma demande...

La réussite de la méthode Mastermind réside dans l'art de formuler les demandes pour que les solutions en soient complètement absentes. C'est difficile à faire, surtout pour nous, les femmes, car on est constamment « en mode solution », on veut garder le contrôle de la situation. On ne nous a pas appris à aller au cœur de nos besoins, de nos désirs. Pour cela, il faut être consciente de ce qu'on veut vraiment, il faut être capable de laisser la vie trouver la solution, il faut savoir lâcher prise.

Lâcher prise, c'est savoir exactement ce qu'on veut et laisser la vie nous concocter le meilleur scénario, celui qui répondra à tous nos désirs. Le « quand », le « comment », le « qui », le « quoi » et le « où » ne nous regardent pas !

Je vous vois déjà paniquer et avoir une poussée de boutons juste à l'idée de ne plus rien contrôler, mais rassurez-vous : vous ne contrôlerez plus rien, mais vous maîtriserez tout ! Voyez-vous la nuance ?

Maîtriser en déterminant votre besoin, en l'extirpant des scénarios traditionnels auxquels vous auriez d'abord pensé. Maîtriser en restant disponible et disposée à recevoir les indications qui vous permettront d'accomplir le scénario élaboré par la vie. Pour ce faire, il faut savoir se placer dans une énergie de CONFIANCE et non de peur.

Une fois que vos dix demandes ont été lues à voix haute à votre partenaire et qu'elles sont correctement formulées par écrit, vous échangez vos feuilles et repartez avec celle de l'autre. Par la suite, chaque jour, vous prenez quelques minutes pour lire les demandes

de votre partenaire et cette dernière fait de même de son côté avec les vôtres.

Le plus génial, dans le principe Mastermind, c'est de se revoir un mois plus tard et d'entendre notre partenaire nous relire ce que nous avions demandé à l'Univers. Je vous jure que, aussi étonnant que ça puisse paraître, vous ne vous souvenez d'aucune de vos demandes. Aussitôt les feuilles échangées à la fin d'une rencontre, on devient amnésique! Alors, quand vient le moment de faire un suivi un mois plus tard, c'est un moment de grande émotion, car on est à même de constater à quel point la vie a travaillé pour nous. À côté de nos dix demandes, on écrit OUI si cela a fonctionné, NON si le problème n'est pas réglé, et le signe + ou ... si ça s'en vient. Ce que la vie nous a «envoyé» concernant nos demandes, ça s'appelle des synchronicités.

Je ne vous expliquerai pas en détail toutes les étapes du Mastermind, car cela prend des heures. J'ai d'ailleurs conçu un atelier-conférence qui dure cinq heures, à la demande des partici-pantes des journées «La vie comme je l'aime». À ce jour, plus de mille femmes ont suivi cette formation avec moi. On se fait ça à la bonne franquette: vous apportez votre lunch et votre bouteille de vin, et, à la fin de la journée, vous repartez avec tout ce qu'il vous faut pour être autonomes et créer votre duo ou trio Mastermind.

Je ne suis jamais ressortie d'une rencontre en me disant que j'avais vécu quelque chose d'ordinaire, et ce, même après trois cents fois! Au contraire, chaque mois je remercie la vie d'avoir placé cet outil sur mon chemin. Je l'ai longtemps fait en duo, quelques années à quatre (on avait jumelé le duo de ma sœur et le mien) et, depuis sept ans, je fais partie du trio le plus génial de la planète: ma sœur Brigitte, notre amie Anouk et moi.

De dix-sept heures trente à vingt-deux heures trente, on s'habille en mou, on se rencontre chez Brigitte, on se fait livrer du poulet (sauf Brigitte, qui est végane) et on «Masterminde» ensemble! Je suis émue de partager cette technique avec deux femmes formidables

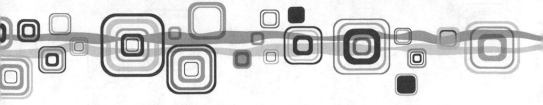

qui veulent avancer, qui veulent vivre à cent pour cent, qui veulent éliminer les obstacles qui les empêchent de vivre leur vie comme elles l'aiment. Je peux affirmer que, si j'ai une vie EXACTEMENT comme je l'aime, c'est en grande partie grâce à la pratique assidue de cette technique.

Je me plais à imaginer toutes les femmes qui, comme moi, prennent le temps de lancer leurs demandes dans l'Univers mensuel- lement. Il doit y avoir là toute une tour de contrôle pour diriger les «fusées/demandes» que nous lançons! Et quoi de mieux qu'une fusée qui revient vers sa destinatrice chargée de cadeaux avec une étiquette...

À : [Votre nom] ;

De : La Vie xxx

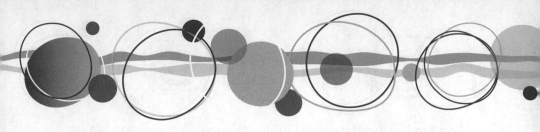

Hautement improbable

J'adore zapper quand j'écoute la télévision. C'est mon sport favori. Surtout en solo, dans une chambre d'hôtel. Je préfère être seule lorsque je suis possédée par la « rage du pitonnage », parce que, franchement, ça ne doit pas être endurable ! J'ai ma technique de zapping frénétique et je l'assume pleinement.

Règle numéro un

Surtout, ne pas rester accrochée à ce qu'on voit à l'écran, mais balayer du regard les images, un peu comme un scanneur, sans émotion.

Outil indispensable

La télécommande. Un objet puissant qui nous conduit vers l'extase provoquée par notre dépendance.

Que cherche-t-on exactement ? Rien et tout à la fois. Et c'est là que se trouve toute la complexité de cette activité. Comment peut-on perdre son précieux temps à chercher TOUT et RIEN à la fois ? J'ai eu à me poser la question et à y répondre pour comprendre mes rages de zapping. Qu'est-ce que je cherche ?... La détente ? Non. La nouvelle ? Non. Chasser l'ennui ? Non. Je cherche à voir et à entendre des situations HAUTEMENT IMPROBABLES.

Lorsque j'en trouve une, je jubile, je tripe, c'est presque le plus beau jour de ma vie. Si j'en étais capable, je célébrerais ma trouvaille en exécutant un flip arrière sur le divan! Mais, avant toute chose, je scrute la fameuse scène sous tous les angles pour m'assurer qu'elle correspond bien à mes critères d'improbabilité.

Mais qu'est-ce qu'une situation hautement improbable? Au cinéma, l'équivalent serait un anachronisme. Dans le film *Ben-Hur*, par exemple, on aperçoit un joueur de trompette qui porte une montre au poignet. Dans les téléromans, puisque je semble la seule à les remarquer, je les appelle des scènes arrogantes, des scènes impossibles dans la vraie vie. Vous savez, le genre de scène qui nous nargue? On la regarde et on se sent minable. On se dit : «Je ne dois pas être normale, parce que ce n'est pas du tout comme ça que ça se passe dans ma vie et je ne vois pas le jour où ça va se produire sous mon toit!»

Je suis très sensible à ce qui est conforme ou non à la réalité. J'aime que ce qu'on me montre représente à cent pour cent la vraie vie, que ce soit fidèle à ce que le commun des mortels vit au quotidien. Malheureusement, je suis souvent déçue. Quand je m'adonne à mon étrange dépendance en compagnie de quelqu'un d'autre (mon *chum*, la plupart du temps), je commente à voix haute, je m'insurge, je critique, je dénonce, je compare et je monte aux barricades, car je ne comprends pas que personne n'ait remarqué telle ou telle erreur du scénariste.

Voici donc mon *top* dix des situations hautement improbables vues dans nos téléromans.

1. Dans *Les super mamies*, Rita Lafontaine sortait avec Robert Marien, qui a vingt-cinq ans de moins qu'elle. À une époque où les femmes cougars étaient rares, on ne croyait pas du tout à leur couple. Disons que Rita Lafontaine n'avait pas tellement le profil d'une cougar de toute façon... Rien à voir avec Demi Moore! Chaque fois que Robert Marien s'approchait

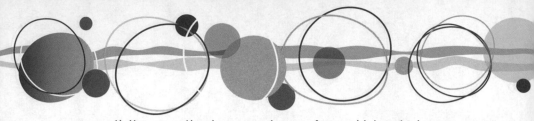

d'elle pour l'embrasser, chaque fois qu'il lui déclamait son amour, je ressentais un malaise... et les comédiens aussi, je crois, car ça transperçait l'écran!

2. Dans *30 vies*, le personnel enseignant et les directeurs sont juste TROP. Ce n'est pas crédible. Je ne crois pas à ça, moi, une prof qui rentre chez elle troublée au point d'en avoir l'appétit coupé, parce qu'un de ses élèves semblait préoccupé. Je n'y crois pas non plus quand je vois une longue discussion dans le corridor (trop bien décoré...) au sujet d'un jeune qui porte tout à coup des vêtements sombres et qu'on soupçonne d'avoir des idées noires. Ou encore à une scène où la prof est au lit avec son *chum*, le soir venu (eh oui! dans *30 vies*, les profs ont aussi une vie privée!), et où elle doit arrêter les préliminaires parce que sa tête est ailleurs. Elle est perturbée par la discussion qu'elle a eue avec une élève, concernant la séparation de ses parents... *Come on!!!*

3. Dans la série *Un sur 2*, l'adolescente qui se lève, le matin, et entre dans la cuisine en disant: «Bonjour, maman!» Ben voyons! J'ai vécu au quotidien avec plusieurs ados et JAMAIS je n'ai entendu cette phrase le matin. J'ai entendu des «saaalut», des grognements, des «y a pus de lait», des «ça "gosse", tu parles trop fort», mais des «bonjour, maman» sur un ton enjoué? Jamais!

4. Dans *Les hauts et les bas de Sophie Paquin*, moins de quarante-huit heures après son accouchement Suzanne Clément faisait une longue promenade sur le mont Royal avec son bébé en poussette. Heille, la p'tite mère! Des points de suture et des hémorroïdes, tu ne connais pas ça? En plus, tu es mère monoparentale. Tu devrais être au bord de la dépression post-partum! Aucune femme ne sort de l'hôpital à pied, le sourire fendu jusqu'aux oreilles, s'arrêtant en chemin pour

prendre un *latte* dans son café préféré. Ta vie n'est plus DU TOUT comme avant, ma fille!

5. Dans *Un gars, une fille*, Guy A. Lepage n'arrête pas d'appeler Sylvie « ma belle ». Il le lui dit pratiquement à chaque réplique. C'est insoutenable.

    — Est-ce qu'on va au restaurant, ma belle? Parce que tu sais, ma belle, va falloir que tu commences à te préparer...

    Je n'ai jamais entendu un gars appeler sa blonde « ma belle ». Faites un sondage auprès de vos amies. « Ma chérie », « minou », « beauté », oui, mais pas ça.

6. Tous les personnages de téléroman ont de belles maisons, bien décorées. Même les jeunes qui habitent dans leur premier appartement ont eu recours aux services d'un designer. Sans parler des électroménagers qui sortent tout droit du rayon haut de gamme du Brault & Martineau! On ne voit jamais quatre colocs vivant dans un six et demie aux planchers croches et à la peinture défraîchie. Je sais que la production télévisuelle a un budget à allouer aux décors, mais, dans la vraie vie, aucun étudiant ne dispose d'un tel budget, encore moins des services d'un designer! Ils s'organisent avec les moyens du bord. Dans les téléromans, même les moyens du bord sont beaux!

7. Je n'ai jamais vu un personnage de téléroman chercher un stationnement. Comme par hasard, il y a toujours une place libre juste devant l'endroit où ils vont. Ils ne perdent pas une seconde à essayer de comprendre les pancartes de stationnement INCOMPRÉHENSIBLES et, surtout, ils n'ont JAMAIS de contravention! Pourtant, j'ai beau scruter la vitre arrière de leur voiture, je ne vois aucune vignette! Leurs rues sont exemptes de nids-de-poule, l'intérieur de leur voiture est

toujours impeccable et ils n'ajustent jamais leur rétroviseur... C'est loin d'être comme ça dans la vraie vie!

8. Avez-vous remarqué que les bébés ne pleurent jamais? Pour la plupart des tournages, on fait appel à des jumeaux et, si un des bébés est maussade ce jour-là, on exécute un petit échange ni vu ni connu. La scène peut donc continuer d'être tournée sans que l'horaire soit affecté. Dans la vraie vie, on aimerait bien *switcher* notre bébé qui pleure depuis des heures avec sa copie conforme, tranquille et silencieuse, mais c'est impossible.

9. Les personnages vont rarement aux toilettes pour assouvir leurs besoins naturels. S'ils y vont, ce n'est jamais pour longtemps (donc pas pour un numéro deux) et ils ne sont jamais à court de papier (évidemment, puisqu'ils ne le font pas pour de vrai!).

10. Les personnages n'ont jamais de problèmes techniques avec leurs appareils électroniques. Leur cellulaire est toujours chargé et ils ne se soucient pas de dépasser la quantité de données allouée par leur forfait. (Jamais entendu parler de ce forfait qui semble très alléchant!) Il y a toujours du papier et de l'encre dans leur imprimante et, lorsqu'ils appuient sur une touche, ça fonctionne à tout coup. Ils ne renversent jamais de café sur leurs documents importants non plus et le contrat qu'ils cherchent est toujours (comme par hasard) sur le dessus de la pile...

Ce qui fait partie de mon *top* cinq d'activités gratuites, c'est le zapping régional. Ça me procure un plaisir immense de tomber sur des annonces publicitaires locales lorsque je suis en région. J'ai l'impression de regarder la même publicité depuis trente ans. On y voit le propriétaire d'un commerce — en compagnie de ses enfants ou de ses petits-enfants — qui récite un texte ou un mauvais slogan appris par cœur, avec un sourire forcé devant un décor minable.

Je suis convaincue que, la prochaine fois que vous vous retrouverez seule dans une chambre d'hôtel, la télécommande entre les mains, vous ne pourrez pas vous empêcher de penser à moi. Peut-être même que vous exécuterez une « pirouette-zappette » lorsque vous repérerez votre première scène hautement improbable !

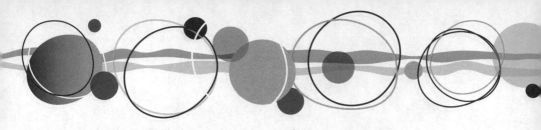

Le p'tit canard à la patte cassée

Je ne donne jamais de cadeaux, vous le savez déjà. Aux anniversaires, à la Saint-Valentin, à Pâques, à Noël, mon entourage ne reçoit rien de ma part. Je donne des cadeaux les jours où j'ai envie d'en donner. Pourquoi? Parce que je veux garder ma liberté. J'ai horreur que la société décide pour moi qu'à telle ou telle date, je DOIS donner un cadeau à mon père, parce que c'est la fête des Pères. Par contre, si j'ai envie de l'amener manger au restaurant un mercredi soir, comme ça, juste pour le plaisir d'être avec lui, je le ferai. Même chose à Noël. Mes filles n'ont jamais eu de cadeaux emballés sous le sapin, mais, si vous leur demandez de vous raconter leurs plus beaux souvenirs de Noël, vous en aurez les larmes aux yeux. Elles se souviennent en détail des moments exceptionnels que nous avons passés ensemble, dans la folie, la magie et la communion. Elles peuvent même vous préciser la date, le lieu, l'odeur et l'émotion qui accompagnent chaque souvenir. Je suis convaincue que, si je leur avais offert des cadeaux, elles ne se souviendraient même plus quel jouet elles ont reçu en telle année.

Lorsque j'étais petite, mes parents célébraient le temps des fêtes, mais Noël n'était pas axé sur les cadeaux. Il faut dire aussi que la réalité a bien changé, depuis, point de vue consommation... Je ne suis pas de l'époque des oranges dans les bas de Noël, mais

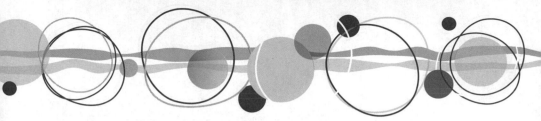

la plupart des enfants de mon âge ne croulaient pas non plus sous une pyramide de cadeaux comme la génération d'aujourd'hui. Nous étions souvent quatre ou cinq enfants par famille, il n'y avait la plupart du temps qu'un seul salaire permettant de subvenir aux besoins de tout le monde et la surconsommation n'avait pas envahi nos chaumières.

Je ne me souviens pas d'avoir fréquenté les centres commerciaux avec ma mère. Quelques fois, tout au plus, nous sommes allées aux Galeries d'Anjou et je m'en souviens parce qu'on a eu le droit de manger une crème glacée chez Laura Secord. Encore aujourd'hui, je fréquente très rarement ce genre d'endroit. J'y vais quand j'y suis vraiment obligée et, chaque fois que j'y mets les pieds, j'en ai pour une semaine à m'en remettre!

Ma dernière visite au centre commercial remonte à quelques mois, au Vendredi saint plus précisément. J'avais rendez-vous avec un technicien pour mon nouveau cellulaire. En sortant du magasin, j'aperçois un grand local (un genre d'entrepôt) où des dizaines de personnes attendent en ligne à la caisse. Curieuse, je m'approche pour voir ce qui peut bien attirer autant de gens. Le magasin vend uniquement des chocolats de Pâques, dans des boîtes plus grandes que nature. Tout animal digne de fréquenter une basse-cour y est : poule, coq, lapin, canard, cochon... Différents objets susceptibles de plaire aux enfants, aussi : ballons de soccer, cellulaires, voitures de course... Je n'en crois pas mes yeux. Il faut dire que je ne connaissais pas l'existence de tels magasins, puisque je n'ai jamais acheté de chocolat à mes enfants à Pâques.

En entrant là, je pénètre dans une autre dimension, sucrée et démesurée. Des parents tiennent d'une main leur enfant et, de l'autre, une Corvette en chocolat plus grosse que leur progéniture. Après avoir mangé seulement deux roues du bolide, cet enfant sera intoxiqué par tout ce sucre! Que dire de son professeur, mardi

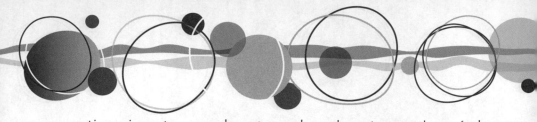

matin, qui se retrouvera devant une classe de petits cocos bourrés de chocolat!

Je fais un calcul rapide en voyant le prix affiché sur les boîtes (vingt-cinq dollars chacune): cette famille qui transporte quatre poules (presque un poulailler au grand complet!) s'apprête donc à dépenser plus de cent dollars! En poursuivant mon exploration du magasin, je remarque un panneau, sur le mur du fond, où on peut lire: «4,99$». Je me demande bien quel animal ou quel objet on peut se procurer pour le cinquième du prix normal! Une fourmi? Une mouffette? Ou peut-être bien des crottes de lapin du genre Glosette? Je frôle l'extase en m'apercevant que ce rayon a été conçu pour moi! Sur ces tablettes, on retrouve les mêmes chocolats qu'ailleurs dans le magasin, à la seule différence qu'ils sont cassés. Pas en mille morceaux, non; en quatre ou cinq maximum. Ils sont emballés dans du beau papier cellophane, cul par-dessus tête. Un concept tout simplement génial, parce que les enfants peuvent assembler eux-mêmes leur animal; s'ils ne sont pas contents, ils n'ont qu'à faire fondre le chocolat pour s'en «gosser» un autre à leur goût!

J'en prends trois: un canard, une poule et un lapin, en pensant à mes filles qui vont recevoir un animal en chocolat de la part de leur mère pour la première fois de leur vie. Je pense aussi au plaisir qu'on aura à les déballer, à les «reconstituer», à les partager. Je nous vois déjà, assises autour de la table, le canard cassé posé devant nous, et je ressens déjà le plaisir que nous aurons à le dissé-quer... Je me dirige ensuite vers la caisse. Pendant que j'attends en ligne, j'observe le contenu du panier des autres clients. Personne n'a choisi les chocolats au rabais. Je me dis: «Ils ne doivent pas savoir que ça existe, comme moi il y a dix minutes!» Je décide donc de me faire la porte-parole des animaux cassés et je circule dans la file pour montrer mes achats aux gens avant qu'il soit trop tard et qu'ils regrettent d'avoir payé le plein prix. À mon plus grand

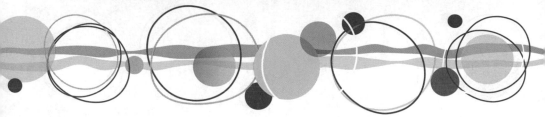

étonnement, aucun client ne partage ma joie et ils me regardent tous comme si j'étais une illuminée.

Lorsque mon tour arrive, je ressens encore le besoin d'exprimer mon bonheur au caissier. En sortant mon argent, je lui dis :

— Monsieur, c'est génial, ce concept ! Je n'en reviens pas... 4,99 $ pour les mêmes poules, qui goûtent la même chose... Tout le monde devrait connaître ce rayon du magasin !

— Surtout que c'est pour vous..., rétorque-t-il en sous-entendant que c'est pour cette raison que ça ne me dérange pas que mes chocolats soient cassés.

— Non, ce n'est pas pour moi, c'est pour mes enfants.

Silence. L'homme me regarde et, pensant que je blague, éclate de rire. Quand il constate que je suis sérieuse, je crois qu'il a un malaise cardiaque. Il fige et devient blême. Je suis sur le point de m'emparer de mon nouveau cellulaire pour composer le 911 lorsqu'il recommence à bouger. Avec une face de carême, il desserre sa cravate brune (trop thématique !) et me lance un regard sévère, comme si j'étais la pire mère du monde. Un peu plus et il appelait la DPJ avec un de ses téléphones en chocolat ! Pour l'achever, je lui offre de payer avec mes sous en chocolat. Il ne me trouve pas drôle.

Avant de sortir, je passe (encore) pour une folle en effectuant un petit sondage. Je demande à plusieurs clients s'ils donneraient un chocolat cassé à leur enfant, à Pâques. Je me rends vite compte que plus j'essaie de « vendre » l'idée du canard cassé, plus je passe pour une mère ingrate et déséquilibrée...

Je quitte tout de même le centre commercial très fière de mes achats. Il pleut. Je n'ai pas de parapluie, mais, puisque je ne suis pas faite en chocolat, je marche tranquillement jusque chez moi en pensant que, pour les années à venir, à Pâques je vais faire une

bonne action et ouvrir un refuge pour animaux-en-chocolat-brisés-et-rejetés. Croyez-moi, si personne n'en veut, je saurai leur trouver une place... au creux de mon estomac!

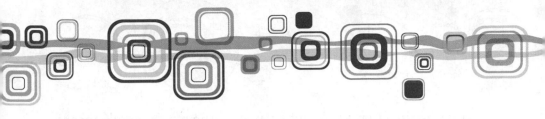

Où est *mommy*?

L'été, il m'arrive d'avoir des périodes de déprime. Assez pour que ce soit troublant, assez pour que je me dise : « Si je reste dans cet état-là, je vais aller consulter pour mon mal-être ! »

Moi qui suis très joyeuse et énergique tout le reste de l'année, je me suis demandé ce qui pouvait bien se passer l'été pour que ce sentiment m'envahisse. Vous savez, cette sensation d'être tirée vers le bas, d'être pas fine, pas belle, pas capable ?

En ce 6 août 2015, je crois avoir trouvé la réponse. L'été, on est moins occupée, on n'est pas dans la routine, on a le temps de penser, de ressentir, de réfléchir, d'aller marcher, seule, au coucher du soleil et de goûter aux larmes qui coulent sur nos joues sans trop qu'on sache pourquoi. L'été, on a le temps de jouer avec nos enfants et d'avoir le cœur gros de les voir grandir alors qu'on devrait être tellement heureuse.

On a aussi le temps de remarquer les manques d'attention de notre partenaire, les occasions ratées de faire l'amour alors qu'on n'a aucune raison de s'y soustraire... Un mercredi soir d'octobre, à vingt-trois heures, c'est normal d'être trop fatiguée ou d'avoir la libido sous le tapis, mais, en vacances, bronzée et reposée, on devrait plutôt avoir la libido « dans le tapis » !

L'été, notre hamster est presque en congé : il ne nous harcèle pas vingt-deux fois par heure en brandissant d'interminables listes de

choses à faire et en accélérant dans sa foutue roue si on n'y répond pas illico. L'été, il n'y a pas de lunchs ni de devoirs à faire, pas d'organisation; c'est donc plus facile de vivre le moment présent. Ce dernier saute sur l'occasion de nous rendre visite, car il s'ennuie de nous, alors il nous harcèle et nous retient dans ses longs bras à la fois solides et moelleux. Puis il nous dit :

– Heille, fille, arrête-toi deux minutes! Même si au début ça fait drôle ou que ça fait mal, je te demande de rester un peu avec moi, avec toi. Ça se peut que tu aies envie de pleurer ou que tu aies une sorte de boule dans la gorge, mais tu verras à quel point cette expérience se transformera rapidement en joie. La joie de savoir que tu es capable d'*être*. Juste d'être, simplement. Rester toi, ne plus te sauver.

C'est de tout ça que découle notre malaise... L'été, on cherche à s'occuper, à s'étourdir, à se surcharger, même, pour fuir le tête-à-tête avec notre moment présent. On a peur de quoi, au fait? De découvrir de sombres facettes de notre être? Peut-être. De prendre conscience qu'on doit effectuer des changements? Peut-être. On se sent coupable de ne pas être là et on a peur que notre entourage manque de quoi que ce soit pendant qu'on vit le moment présent? Au contraire, c'est la période de l'année où on sera probablement le plus présente! Peut-on dire qu'on est vraiment «toute là» quand on tient le rôle de maman-servante-boniche-confidente-organisatrice-infirmière-alouette? Où est la femme, la vraie, dans tous ces rôles?

Imaginez deux pages en couleurs sur papier glacé, comme dans les livres *Où est Charlie?*, sauf qu'au lieu de devoir trouver un grand flanc-mou en col roulé rayé, c'est vous qu'il faudrait chercher parmi les piles de linge sale, les ballons de soccer, les sacs d'école, les frigos remplis de restes périmés, les sacs d'épicerie, les calendriers, les fêtes d'enfants, les réunions de travail... Où est *mommy?* Je vous jure qu'on aurait de la difficulté à la trouver!

L'été, le moment présent a des yeux de lynx et il réussit à nous trouver. Je crois que c'est parce qu'il y a moins d'éléments, sur nos deux pages en couleurs sur papier glacé. La chaleur de l'été en a fait fondre quelques-uns pour qu'on puisse être vue. Et ça, ça nous terrorise. Il y a quelques mois, sur Internet, circulait cet article de Melissa Ramos qui avait pour titre : *Let's Stop the Glorification of Busy*. Traduction libre : il faudrait cesser de glorifier le fait d'être si occupé.

Je vous lance un défi ! Pendant une semaine, essayez d'arrêter de dire ce genre de phrases :

- J'suis tellement dans le jus !

- J'suis débordée !

- J'suis « à boutte » !

- J'suis *bookée* jusqu'à Noël.

- Avec la vie de fou qu'on mène…

- J'suis dans un tourbillon…

- On court, on court, on n'arrête jamais !

Je suis presque convaincue que vous n'y arriverez pas… Pourquoi ? Parce que, dans notre société actuelle, on glorifie le fait d'être occupé. On donne de la valeur à quelqu'un en fonction de son emploi du temps. Plus une personne est débordée, plus elle est importante, plus elle a de la valeur. Selon cette logique, plus on en ferait, plus on serait important ? Et plus on serait (donc moins on en ferait), moins on serait quelqu'un ? Il faut se désintoxiquer à tout prix de cette façon de penser si on veut être capable de renverser ce lourd constat…

Il ne s'agit pas de ne plus *faire*, mais plutôt de *faire autrement* et, pour cela, il faut avoir le courage de se tenir debout sur les pages du livre de sa vie, écrit par nulle autre que soi. De cette façon, quiconque

voudra nous trouver n'aura pas besoin de lire entre les lignes pour savoir qui on est.

Surtout l'été.

Le fait de comprendre ce phénomène de DEP (déprime estivale passagère) me permet d'avoir hâte de recevoir la visite du moment présent... Souvent, souvent...

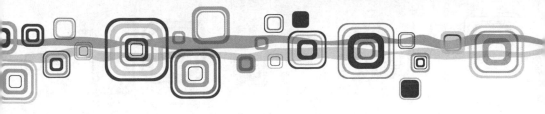

Avec un nom d'même!

Je ne sais pas si vous avez entendu parler du slogan *I'm not bossy, I'm the boss!*[10] », mis de l'avant par les *Girl Scouts*, aux États-Unis, pour encourager les jeunes filles à faire preuve de leadership. Dans le cadre de cette campagne, on voit des vidéos de femmes influentes (Beyoncé, Hillary Clinton et plusieurs autres) qui énoncent ce slogan.

Après avoir passé une heure à visionner ces vidéos, j'ai senti une rage monter en moi. J'avais peine à comprendre ma réaction. J'ai sauté sur mon ordinateur pour rédiger ce communiqué...

COMMUNIQUÉ URGENT

POUR DIFFUSION IMMÉDIATE À TOUTES LES FEMMES QUI ONT DES COUILLES

Je serai bientôt dans la cinquantaine et j'écris ceci pour toutes les femmes qui, comme moi, se sont fait amputer. Amputer un bras, une jambe? Non. Quelque chose d'invisible, mais de non moins important, un véritable cadeau du ciel (quand on l'a): le leadership. Ou, si vous préférez: avoir du cran, de la *swing*, de la détermination à revendre, du «gaz dans la *tinque*», un front de bœuf, une tête de cochon... Bref, ne pas se laisser marcher sur les pieds, savoir où on s'en va, être rassembleuse.

---

10.   Je ne suis pas «bosseuse», je suis le *boss*! (Traduction libre)

Quand une jeune fille possède de façon marquée l'un de ces traits de caractère, les gens ont des préjugés à son égard (encore aujourd'hui) et disent:

- elle veut bosser tout le monde;
- elle prend trop de place;
- elle doit apprendre à se calmer.

Ou (le pire d'entre tous):

- C'est un vrai garçon manqué.

Comme si le fait qu'une fille possède des qualités de leader «jetait un flou» sur son identité sexuelle! Les gens pensent: «Impossible que ce soit une vraie fille. Quand on est une vraie fille, avec tout ce que ça comporte (des cheveux longs, une vulve, des seins "en devenir"), on ne ressent pas le besoin d'agir comme les garçons.»

Je porte le nom de Pilote, un nom empreint de leadership dont j'ai toujours été fière. Y a-t-il une pilote dans l'avion? Oui, et pas juste dans l'avion! Dans les réunions de comités organisateurs, dans les conseils d'administration et dans tout ce qui permet d'être rassembleuse. Quand on a un nom d'même, ça va de soi!

Une fille qui sait ce qu'elle veut, une fille qui dirige, qui prend de la place, qui déplace de l'air, ça DÉRANGE. Alors, que font les femmes qui ont reçu ce précieux don à leur naissance? Elles se taisent et trouvent des moyens de ne plus déranger, même si une puissante énergie coule en elles, fait partie d'elles.

Quand j'étais à l'école primaire, je me faisais reprocher d'avoir du leadership. Je me souviens de la honte que j'ai ressentie d'être «faite comme ça». Très tôt, j'ai compris que ce n'était pas la meilleure qualité à avoir, à moins d'aimer se faire crier des insultes, du genre:

- Te prends-tu pour ma mère, maudite «bosseuse»?
- La «plote» qui bosse! (Jeu de mots très subtil quand on enlève le l de mon nom.)

Personnellement, j'adorais ce trait de caractère, cette sensation que tout était possible, cette énergie infinie, cette foi qui me permettait de penser que je pouvais déplacer des montagnes.

Certains adultes disaient de moi :

- Elle, elle va aller loin dans la vie.
- Elle sait ce qu'elle veut.

Mais d'autres disaient aussi :

- J'te dis, elle, tu lui donnes un pouce et elle prend un pied !
- Elle n'est jamais contente, elle n'est pas capable de se contenter de ce qu'elle a !

Ce n'était pas ça du tout ! Je n'étais simplement pas du genre à rester immobile sur une marche au beau milieu de l'escalier, alors que je savais très bien que je pouvais monter encore. J'étais curieuse et je souhaitais vivement découvrir ce qu'il y avait à l'étage. Alors que la plupart des gens se seraient contentés du confort de la marche du milieu ou seraient redescendus au rez-de-chaussée, je *savais* que je devais explorer les autres étages, quitte à prendre l'ascenseur pour amener tout le monde. L'ascenseur de la vie, celui qui nous transporte au sommet.

J'avais honte d'en vouloir toujours plus. Ce n'étaient pas des caprices d'enfant gâtée, mais un sentiment très puissant qui me donnait la conviction que j'avais *droit* à plus et que j'avais le *devoir* de le revendiquer. Sauf qu'à l'âge de cinq, six ou sept ans, c'est une mission très difficile à accomplir... surtout quand elle entraîne des yeux levés au ciel et des soupirs d'exaspération chez ceux qui seraient en position de te permettre de franchir une marche supplémentaire.

Dernièrement, j'ai repensé à toutes ces fois où je me suis fait rabrouer, à l'école primaire, pour mes qualités de leader. Je vais vous raconter l'épisode de l'élection du capitaine de la classe, en cinquième année... Toutes les filles nées à la fin des années soixante ont connu le concept de la classe-bateau. Pour illustrer l'importance de l'esprit

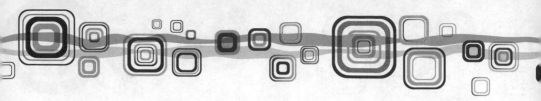

d'équipe, on nous expliquait dès la rentrée que notre classe formait un équipage, composé de moussaillons et d'un capitaine. Au début de chaque étape, le capitaine se faisait élire par les élèves. En 1977, dans la classe de Paulette Charrette à l'école Père-Marquette de Boucherville, un événement inattendu s'est produit. Ce n'est pas UN capitaine qui a été élu, mais bien UNE capitaine : MOI ! Et pas seulement pour une étape, mais bien deux consécutives. C'était du jamais vu... Ma professeure a demandé un recomptage et j'ai senti qu'elle était contrariée qu'une fille soit au pouvoir. Je me souviens de ma nervosité lors du recomptage... En plus de ne pas comprendre pourquoi on ne pouvait pas sabler le champagne sur notre bateau pour célébrer la victoire, j'avais l'étrange sensation que cette première expérience de « prise de pouvoir avec un mélange de honte et de fierté » ne serait pas la dernière...

Avec les années, je me suis « calmée » et j'ai appris à me contenter de ce que j'avais déjà. J'ai aussi appris à obtenir ce que je voulais, mais autrement, en contournant les obstacles. C'est tellement plus long pour atteindre les mêmes objectifs ! Ce serait comme de passer par l'Abitibi pour aller de la Rive-Sud au Lac-Saint-Jean, alors qu'on connaît pourtant le raccourci.

À un moment donné, on honore enfin ce cadeau qu'on a reçu. On se reconnecte à cette énergie, ce joyau, et on recommence à « leader ». Le plus émouvant dans tout ça, c'est que non seulement on n'a pas oublié comment faire, mais il n'y aura plus jamais de recomptage. On a besoin d'un seul vote pour être élue, le nôtre, et on l'a pour le reste de notre vie.

Tous les jours, dans l'isoloir, on fait un X sur le bulletin de vote, à côté de notre nom. L'isoloir, oui, mais plus jamais l'isolement.

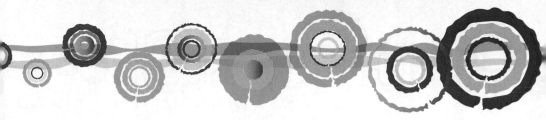

Merci, Fifi !

Ma chère Fifi Brindacier, je prends le temps de t'écrire une lettre et, si tu existais vraiment, je te l'enverrais par la poste à ta villa Drôle de Repos. (Je serais bien capable de trouver l'adresse, crois-moi !)

Je tenais à te dire que, si je suis celle que je suis aujourd'hui, c'est grâce à toi. Je te le jure ! Je n'ai jamais dit ça à quelqu'un d'autre que toi, car je n'ai eu aucune autre idole.

Si tu n'avais pas été là, je me serais sentie si différente.

Si tu n'avais pas été là, je n'aurais pas eu de modèle.

Si tu n'avais pas été là, je n'aurais pas appris.

Pas appris à être celle que je suis, pas appris à me fabriquer une belle vie, pas appris à créer de la magie. Chaque seconde de ton quotidien, c'est ce que tu faisais, Fifi. Tu étais triste, toi aussi, parfois, car tu t'ennuyais de ta maman à qui tu parlais souvent même si elle était au ciel, et tu ne comprenais pas toujours pourquoi ton père devait s'absenter aussi souvent... Mais tu composais une symphonie avec les notes que la vie te donnait, et cette symphonie a eu une énorme portée sur moi.

Je te le dis, Fifi, crois-moi. Je n'ose même pas penser à ce qui serait arrivé si tu n'avais pas existé. Tu as influencé mon rapport à l'argent, ma façon de m'habiller, de faire le ménage, de marcher, de manger même.

Je te regardais vivre à la télé et je me disais : « Wow ! C'est comme ça que devrait être la vie. C'est comme ça que je veux vivre ma vie ! » Tu as été importante pour plusieurs petites filles qui n'avaient aucune héroïne forte. Tu te démarquais tellement de Candy et de toutes les autres petites morveuses braillardes et dépendantes affectives qu'on nous présentait. Trop fines, trop douces, trop conventionnelles, celles-là.

Je me souviens, il y a dix-sept ans, avant même que les séries télévisées sur DVD ne soient à la mode, d'avoir commandé dans un magasin de disques toutes tes émissions, Fifi. Et, depuis, je les ai écoutées avec tous les enfants de ma vie pour leur faire découvrir celle qui m'a tant inspirée.

Avec toi, Fifi, il n'y a jamais de problèmes. On veut de la limonade ? On n'a qu'à en faire pousser dans l'arbre à limonade ! On veut des bonbons ? On attrape une pièce d'or dans notre gros sac et on court dévaliser le magasin de bonbons en prenant bien soin de dire à tous les enfants du village que c'est notre tournée ! On veut aller chez nos amis ? On s'y rend à cheval sur le dos d'Oncle Alfred, car il n'y a pas de meilleur taxi ! On n'a pas envie de faire le ménage ? On attache des brosses à nos pieds, on lance le contenu du seau d'eau sur le plancher et on danse sur les tables, les comptoirs. Et que dire de ta force physique légendaire ! Lever un cheval ou deux policiers à bout de bras ? Il n'y a rien à l'épreuve de la fille la plus forte de l'univers. Non seulement je rêvais d'être toi, Fifi, mais je suis devenue toi.

Tu as toujours eu dix ans et tu resteras figée à cet âge, mais, si ton émission avait continué et t'avait mise en scène plus vieille, ta vie aurait été identique à la mienne, j'en suis certaine. J'ai grandi, je suis devenue adolescente, puis jeune adulte, ensuite mère de famille et aujourd'hui mère-grand, et je peux affirmer que j'ai toujours vécu ma vie avec la même philosophie que toi. En vieillissant, je n'ai jamais voulu t'oublier et sache que Gustave, lui aussi, fera très bientôt ta connaissance.

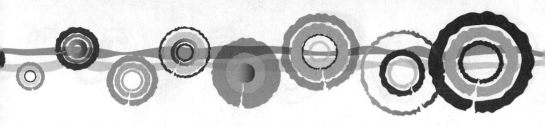

Un bébé bouleversant

Je ne savais pas que la venue d'un bébé dans une famille pouvait remuer autant d'émotions, et ce, chez TOUS les membres du clan! Depuis quelques jours, avec la naissance de bébé Gustave, je suis à même de le constater. J'ai vu : une nièce de dix-neuf ans éclater en sanglots à l'hôpital en apercevant le nouveau-né, le père d'Adèle (nouveau grand-père) être transfiguré en prenant son petit-fils dans ses bras, une marraine (Madeleine) écrire des monologues pour « son bébé », comme elle dit. Les arrière-grands-parents, les tantes, les grand-tantes, les belles-mères, les oncles... toutes les personnes qui ont pris bébé Gustave dans leurs bras ont été transformées. Peut-être que tous les nourrissons possèdent une sorte de pouvoir magique et exercent une fascination sur les gens? Je n'en sais rien. J'étais trop occupée pour le remarquer quand j'ai mis au monde mes bébés à moi.

Celui-là, c'est aussi mon bébé à moi, mais autrement. Parce qu'il a été conçu par celle qui fut mon bébé à moi il y a vingt-huit ans, mais aussi parce que je tiens à lui et que j'ai à cœur son bien-être et son épanouissement. On dit souvent qu'un événement qui nous transforme à jamais a un AVANT et un APRÈS. J'ai connu plusieurs AVANT :

- avant d'être mère;
- avant ma séparation;

- avant mon mariage;
- avant ma maladie;
- avant ma faillite.

Avant, j'avais des AVANT, mais aujourd'hui je peux affirmer que c'étaient des «avant-en-attendant», pour m'exercer un peu... Le AVANT/APRÈS le plus important de ma vie, ç'a été l'arrivée de mon premier petit-fils, le 7 juin dernier.

Il y a donc eu Marcia enfant, Marcia ado, Marcia jeune adulte, Marcia maman et il y a désormais Marcia mère-grand. Mais qu'est-ce que ça change tant que ça, dans une vie, la naissance de petits-enfants? Concrètement? Rien du tout. Invisiblement? Tout. C'est comme si ce bébé me donnait toutes les permissions du monde. Tout ce que je n'osais pas faire à cent pour cent, je le fais, maintenant. Comme si, avec l'annonce de la grossesse de ma fille, la Vie m'avait offert un certificat en cadeau, où il était écrit:

«Bravo, madame Pilote! Vous venez de réussir avec succès le cours de base 101 offert par la Vie. Vous pouvez maintenant mettre vos connaissances au service des autres en devenant une enseignante de la vie. Pour ce faire, vous devez aller au bout de vos désirs et vivre pleinement la vie que vous avez toujours voulu vivre et, surtout, être pleinement la personne que vous avez toujours souhaité être.»

J'ai été surprise de recevoir ce présent. Je croyais que, quand un enfant naissait, c'étaient les parents qui recevaient des fleurs et des paniers-cadeaux!

Mais il y a autre chose que je ne m'attendais pas à vivre, avec la naissance de mon petit-fils: un «post-partum de grand-mère». Personne ne m'avait parlé de cet état que j'expérimente en ce moment. Un genre de sentiment de deuil, alors que je devrais célébrer la vie. Un deuil de ma maternité. Mon rôle de mère est officiellement terminé et c'est à ma fille, maintenant, de prendre la relève. Elle n'a plus besoin de moi de la même façon...

En discutant de cela avec plusieurs femmes autour de moi, je me suis rendu compte que je n'étais pas la seule. Plusieurs m'ont remerciée d'avoir mis des mots sur ce sentiment étrange qui les a habitées quand elles ont vécu la même expérience.

Le post-partum de grand-mère n'a rien d'hormonal comme celui que peuvent vivre les mères. Je dirais plutôt qu'il est viscéral. Il nous rappelle que nous avons nous aussi donné la vie, que cette même vie commence pour notre petit-fils ou notre petite-fille, qu'elle se terminera un jour pour nous et, malheureusement, que ce jour est plus près qu'on ne le pense.

C'est exactement comme si j'avais tenu le rôle principal dans une pièce de théâtre pendant des années. Je connais le décor, les répliques et la mise en scène par cœur ; puis, un beau matin, on m'annonce un changement majeur : mon rôle a été donné à une plus jeune femme et on en a créé un nouveau juste pour moi. Je vais devoir apprendre mon texte rapidement et il n'y aura pas de répétitions. Devenir mère-grand me fait cet effet.

Je pourrais aussi comparer ça à l'émotion ressentie quand un enfant quitte le nid familial. J'étais heureuse pour Adèle lorsqu'elle est partie, à l'âge de dix-sept ans. Je la voyais ouvrir ses ailes, grandir, s'épanouir, mais mon Dieu que je me sentais triste ! Je ne souhaitais pas la retenir et lui construire un studio dans le sous-sol familial, mais il y avait en moi un amalgame de deuil et de nostalgie, une incapacité à me projeter dans l'avenir pendant quelques semaines.

Avoir peur de perdre quelque chose alors que c'est tout le contraire ! C'est à cette période qu'on commence véritablement à gagner. Quand ils quittent la maison, on peut enfin avoir une relation d'égal à égal avec nos enfants et, si on continue à se côtoyer, c'est souvent parce qu'on en a vraiment envie l'un et l'autre. J'ai mis cartes sur table dès le départ avec mes filles : « Si vous venez me visiter juste pour que je lave votre poche de linge sale ou pour que je vous fasse à souper, laissez faire... »

Depuis qu'Adèle a quitté la maison, notre relation s'est bonifiée, enrichie et définie. Ma fille est partie étudier à Sherbrooke, ensuite en Europe. Ce fut cinq ans d'éloignement physique, mais cinq ans de rapprochements spirituels et émotionnels, cinq ans pour «régler nos affaires». Les autres sont surpris quand je leur dis ça. Oui, nos enfants auront toujours des choses à régler avec nous. Ils portent des blessures d'enfance et nous en veulent pour ceci et pour cela... mais c'est tout à fait normal! Nous avons eu à traverser les mêmes étapes avec notre mère. Vous pensez que ce n'est pas pareil? Que votre mère était plus *trash* que les autres, que vous aviez raison de lui en vouloir, mais que votre fille ne devrait rien avoir à vous reprocher? C'est faux. Vos enfants *doivent* passer par là, c'est un sain processus. Là où ça devient malsain, c'est quand ils en restent là, qu'ils restent dans les reproches et ne font aucun effort pour comprendre, avancer, évoluer et pardonner.

Ma fille Adèle a fait ce bout de chemin et je lui en suis reconnaissante. Je suis heureuse qu'elle en ait eu le courage, car la qualité de notre relation et de celle que j'aurai avec Gustave en dépendait. Mon petit-fils vient au monde avec une mère qui a réglé ses affaires et c'est le plus beau cadeau qu'elle pouvait lui offrir. Qu'est-ce qu'une mère qui a réglé ses affaires? C'est une femme qui a compris son histoire, celle de sa mère avec son père, celle de sa grand-mère aussi. Grâce à cela, elle sait désormais qui elle est. Une mère qui a réglé ses affaires, c'est aussi une mère qui a fait tout un bout de chemin dans ses relations amoureuses. Elle a compris ses *patterns,* a su mettre fin à des relations toxiques, a su «changer de talle» et se trouver un partenaire compatible avec elle. Un partenaire joyeux et présent avec qui elle peut être elle-même, avec qui elle a du plaisir, avec qui elle peut envisager de fonder une famille.

Voir sa fille devenir mère, c'est aussi comprendre qu'il est temps de passer le flambeau. On a beau savoir qu'on sera toujours une mère, on doit se rendre à l'évidence: notre nouveau rôle est maintenant celui de grand-mère. La mère, ce n'est plus nous, c'est notre fille. C'est ce qui est, je crois, le plus difficile à comprendre et à accepter,

car cela implique de faire un deuil. Un immense deuil. Celui de la mère qu'on a été. Materner, nourrir, soigner, consoler, éduquer ne font plus partie de notre rôle.

C'est mon amie Anne-Marie qui me l'a appris sans le savoir. Elle m'enseigne depuis quelques mois à vivre pleinement avec les trois A : accepter, accueillir et aimer toutes les situations de notre vie, même si elles exigent de nous une force qu'on se sent incapable de déployer.

En apprenant que j'allais devenir mère-grand, tout le monde me disait : « Tu vas voir, ça va donner un sens à ta vie ! » À cela je répondrais que la venue d'un enfant ne donne pas un sens à MA vie, mais bien un sens à LA vie. Ma vie avait déjà beaucoup de sens et, depuis l'arrivée de Gustave, elle est *sensationnellement* bouleversée !

Comme un commencement

Je reviens de la première journée de tournage pour le film documentaire avec mon amie Anne-Marie. Pour le moment, je suis incapable de mettre des mots sur ce que je ressens, mais je vais essayer parce qu'il le faut. Je n'ai jamais vécu d'émotions aussi riches. Jamais. Ç'a été une journée de grand bonheur dans un contexte pourtant si triste. Pendant le tournage, toute l'équipe pleurait en silence. Patrick, le caméraman, ne pouvait pas déposer sa caméra pour s'essuyer les joues et Fred, le réalisateur, avait l'œil humide. Des larmes de peine, de joie, d'étonnement, d'émotions mélangées...

Recevoir le témoignage du mari d'Anne-Marie, qui m'explique que, quand on aime une personne, on a vraiment envie de soutenir sa décision, d'appuyer sa façon de vivre ce passage. Être frappée en plein cœur par le sourire de mon amie en train de s'en aller, mais tellement « toute » là. Ce sourire si lumineux de femme qui sait qu'elle s'en va, de femme qui sait si bien partir.

Habituellement, quand on voit une personne en fin de vie, on sent que c'est la fin, mais, avec toi, Anne-Marie, c'était comme un commencement. En tout cas, pour moi, c'en était un. Je ne pourrai plus jamais vivre comme avant après ces moments passés avec toi. Tu m'as montré à prendre une grande bouffée de concentré de vie. Tu m'as dit d'inspirer très fort pour que mes poumons s'en souviennent.

Passer une journée comme celle-là, à flotter, sans aucun ego, que de belles âmes réunies pour filmer quelque chose qui peut

difficilement être filmé. Mais on a réussi. Je ne sais pas trop comment, parce qu'on ne pouvait pas avoir de plan, parce que filmer la vie qui s'achève et qui commence en même temps se fait tout doucement, à partir de notre cœur et loin de notre tête.

Sur l'heure du midi, on s'est arrêtés pour manger et pour te permettre de te reposer. La veille, j'avais cuisiné des pâtés au poulet, pour te faire plaisir, parce que je sais que tu aimes ça. On a dîné tous ensemble autour de ta table de cuisine comme si c'était une fête, dans la simplicité, le bonheur, mais aussi la tristesse.

Nous sommes ensuite allés au bord du lac près de chez toi pour filmer quelques plans du paysage. Pendant ce temps, tu es allée t'étendre sur le quai et tu m'as crié de venir te rejoindre. J'ai pris de belles photos de nous deux puis tu m'as dit de m'étendre à côté de toi, la tête sur ton épaule, et d'ouvrir grand les bras pour ressentir le ciel. Tu m'as confié que tu allais bientôt faire partie de cette immensité et que ça t'excitait, que tu n'avais pas peur. Je t'ai répondu que moi, ça ne m'excitait pas pantoute et que ç'avait l'air vraiment plate. Tu as ri fort. J'aime que tu me trouves drôle. Je vais m'ennuyer de ton rire, mais j'ai compris que, si je veux l'entendre, je n'aurai qu'à me coucher sur un quai en fixant le ciel et à repenser à ce moment. Inoubliable et grand comme le ciel, justement.

Tu étais tellement heureuse qu'on accepte ta proposition : que ton fils, Jean-Christophe, compose la musique du film et soit le « gars du son » sur le plateau. Je te regardais le regarder, si bel homme de trente et un ans, ton premier enfant. Je te savais fière, émue et reconnaissante envers la vie de te permettre de vivre ce magnifique printemps de cette façon-là. Ton dernier printemps.

Très difficile, comme journée... Poser des questions à mon amie, vouloir que ses paroles se rendent jusqu'au cœur de milliers d'êtres humains, pour que son message soit entendu. Parce qu'il faut qu'on l'entende. On ne parle jamais de ces choses-là : la fin, la mort, les

derniers mois de vie, la façon de préparer ses proches, de se préparer soi-même.

Anne-Marie, le cadeau que tu es en train de nous donner, je suis là pour l'accueillir et aller l'offrir à d'autres. Et dire que je n'osais pas te demander de faire ce film... Dire que, si je n'avais pas finalement pris mon courage à deux mains pour le faire, on n'aurait pas vécu cette journée unique et toutes celles à venir. Si je n'avais pas été pressée par le temps, je n'aurais probablement jamais osé t'en parler... Comment présenter une telle demande à sa grande amie?

— Heille, fille, tu vas mourir bientôt, est-ce que je pourrais filmer ta mort?

Un matin de février, j'ai roulé jusqu'à Waterville pour aller te voir et je t'en ai parlé. Tu m'as dit oui tout de suite.

– Qu'est-ce que tu veux faire, exactement, Marsh?

(Tu m'as toujours appelée comme ça...)

– Je l'sais pas trop encore... mais je peux te dire que je ne veux pas que ce soit quelque chose d'amateur, de «broche à foin». Je veux le meilleur contexte, je ne sais pas du tout comment ni avec qui, mais, si tu me dis que tu acceptes, je vais déplacer des montagnes, mais en appliquant le lâcher-prise, c'est-à-dire sans forcer les choses. Je vais demander à la vie de me guider naturellement (mais vite!) vers les bonnes personnes, au bon moment.

Puis, en l'espace d'un mois, la vie a déroulé son tapis de synchronicités pour que notre film se réalise dans des conditions idéales. J'y repense et je n'en reviens pas encore... Je crois que tu avais déjà commencé à faire de la magie.

Moins de trois mois après que j'ai osé te demander de participer à ce projet avec moi, nous vivions aujourd'hui la première journée de tournage. Une journée suspendue dans le temps, comme tu le seras prochainement...

Ce film, c'est un immense cadeau que tu fais aux autres avant de partir : à tes proches, aux gens qui t'aiment et à tous ceux et celles qui auront la chance de t'entendre avant que tu partes. Parce que c'est certain, tu partiras. Tu le sais et nous aussi.

Il nous reste quelques semaines ensemble, quelques journées de tournage, aussi, alors je vais en profiter. Ce ne sera pas toujours comme aujourd'hui. Il ne fera pas toujours soleil, ce ne sera pas toujours le printemps, avec les bourgeons qui commencent à pousser et nous étendues sur un quai. Vers la fin, il y aura des journées où tu seras couchée dans un lit. Je serai là avec toi. Tu auras encore ton sourire et tu regarderas le ciel par la fenêtre de ta chambre, dans la maison de soins palliatifs. Tu le trouveras encore aussi beau et moi, ce n'est pas le ciel que je regarderai cette fois, ce sera toi, mon amie, plus grande que tous les ciels réunis.

Et ce sera comme un commencement. Le commencement de la vie sans toi, mon amie.

Photos prises pendant le tournage.

193

Le temps d'une chanson

Le lendemain de mon anniversaire (ou le surlendemain), si j'ai une journée un peu moins occupée, je ressens l'urgence de faire du ménage en écoutant ma *playlist* de chansons préférées. À tout coup, je pleure. Ce ne sont pas nécessairement des chansons tristes, mais des chansons qui me rappellent des souvenirs.

En ce moment, trois jours après mon quarante-huitième anniversaire, je passe la vadrouille et, dans mes oreilles, les Fugees chantent *Killing Me Softly With His Song* et je repense à Adèle, qui écoutait cette chanson en boucle quand elle avait quatorze ans. Adèle, qui sera bientôt maman. Les larmes roulent sur mes joues. Des larmes de temps qui passe trop vite... Quand cette chanson jouait dans sa chambre, je ne savais pas que je la réécouterais des années plus tard en me disant que la vie va si vite.

Voilà pourquoi j'aime tant les chansons : elles ont le pouvoir de nous faire voyager dans le temps, de bouger le curseur de la vie et de sélectionner un moment précis, pour le copier-coller là où il le faut et ainsi nous faire prendre conscience du temps qui passe. Il n'y a rien comme une chanson pour nous replonger directement dans un souvenir...

Soudain, on a de nouveau trente ans, on est une jeune mère de famille avec une ado au sous-sol qui parle au téléphone et qui met sa musique à tue-tête, ainsi qu'une fille de trois ans qui danse en pyjama dans la chambre de sa sœur... Et nous, on savoure ce moment, mais pas à cent pour cent, parce qu'on a de la broue dans le

toupet, des lunchs à faire pour le lendemain, une brassée de lavage à mettre dans la sécheuse, les restes du souper à ranger, etc. Puis, plusieurs années plus tard, une fois les enfants partis de la maison, on réécoute cette chanson en pleurant parce qu'on vient de vivre de si beaux moments pour notre anniversaire. Tous ces vœux de la part de gens qui nous aiment et que nous aimons, toutes ces personnes qui donnent un sens à notre vie, ces personnes qui ne sont plus parmi nous ou qui ne le seront plus bientôt...

Je me dis que tous ces gens que j'aime ont eu, eux aussi, des moments remplis de chansons... Et, pendant que la vie passait en grouillant de partout, les souvenirs s'imprimaient dans leur tête.

Ce qui est curieux, avec les souvenirs, c'est qu'ils peuvent remonter à la surface n'importe quand, mais c'est souvent par une chanson qu'ils se fraient un chemin dans notre tête.

Aujourd'hui, j'ai envie de dire à ma belle Adèle d'en profiter. De danser sur la mélodie de sa nouvelle vie qui s'en vient, sa vie de maman qui accueillera un petit être humain bientôt, qui, lui aussi, écoutera de la musique dans sa chambre un jour. Et, quand Adèle deviendra mère-grand à son tour, elle versera elle aussi des larmes de joie et de nostalgie en écoutant vingt fois la même chanson. C'est ce qui m'arrive aujourd'hui, le lendemain de mon anniversaire!

Avec mes petites.

Mes clés du bonheur

On me demande souvent quels sont mes clés, mes lois ou mon secret pour avoir une vie comme je l'aime. J'ai toujours eu de la difficulté avec les «prescriptions» de ce genre, car elles sont très personnelles et ne conviennent pas à tout le monde. Pour vous, j'ai quand même tenté de dégager les trois grandes lignes de ma philosophie de vie.

CLÉ N°1: avoir du *fun*!

Je me suis longtemps sentie un peu en marge de toujours vouloir avoir du *fun*, dans la vie. Enfant ou adolescente, ça passe, mais, adulte, il faut être sérieuse parce que la vie, c'est du sérieux!!! Sérieusement?

Pour ma part, la vie, je l'embrasse largement à chaque minute et j'en fais une célébration! Et, quand on célèbre, on a le cœur à la fête. On a envie de vivre un beau moment avec nos amies, envie de prendre une tonne de *selfies*, envie de crier notre joie, envie de monter sur une chaise pour dire aux autres à quel point on est heureuse qu'ils soient là. On se couche chaque soir en remerciant la vie pour ce privilège de savourer à cent pour cent tous les moments marquants et magiques qu'elle nous offre.

En ce qui me concerne, quand les moments marquants de ma vie sont-ils présents? Tout le temps. J'aime me placer «en mode disponibilité», car un *MMQMLV* (moment magique qui marque la vie) peut survenir n'importe quand. Si on trouve qu'il n'y en a pas assez

souvent dans notre quotidien, eh bien on en crée ! Comment savoir qu'on a réussi à créer un MMQMLV ? Il suffit de regarder autour de soi et de prêter attention à l'effet produit. Quand on réussit bien un MMQMLV, le résultat est toujours le même : il y a de la JOIE dans l'air, du rire, un brin de folie et tout le monde oublie ses problèmes. Tout le monde est là à cent pour cent, en train de vivre le moment présent. Pas de texto, d'Internet ou de téléphone. Juste de belles personnes, rassemblées en un lieu, le sourire aux lèvres. Il peut même s'agir de parfaits étrangers !

Si je devais tenir un stand dans un Salon du mieux-vivre, je l'imaginerais ainsi : un petit espace avec une table, deux chaises et du thé. Les gens viendraient s'asseoir avec moi afin que je leur explique comment fabriquer des MMQMLV. Pourquoi serais-je la meilleure personne pour cela ? Parce que j'ai effectué mes dix mille heures de formation en ce domaine. (Selon l'auteur à succès Malcolm Gladwell dans son livre *Outliers : The Story of Success,* on devient expert en une matière quand on y a consacré plus de dix mille heures.)

Je vous dirais qu'il n'y a pas une journée qui passe sans que j'aie pris soin de créer ces moments magiques. Quels sont les ingrédients de base pour y arriver ? Être là, pleinement, ne pas se retenir, semer de la joie autour de soi et, surtout, être soi. Il suffit de faire en sorte que toute personne qui se trouve dans votre environnement se sente spéciale. Pas parce que vous lui rendez service, que vous lui prodiguez des soins ou lui faites un compliment, mais parce que vous la *voyez* telle qu'elle est et que vous l'invitez à partager votre énergie de joie. Chaque fois que vous créez une onde de joie autour de vous, vous faites une différence dans votre vie et dans celle des autres.

J'essaie de créer un rapport de proximité avec les gens qui traversent mon quotidien, même si je ne les connais pas. Par exemple, lorsque je vais au restaurant, je m'enquiers toujours du nom du serveur ou de la serveuse, et ce, quel que soit l'endroit. Ou, alors,

lorsque je mange un sac de chips en public, j'en offre à tous ceux qui sont autour de moi.

CLÉ N° 2 : avoir hâte

On me demande souvent quel est mon secret pour être aussi heureuse.

Je réponds d'abord qu'il m'arrive souvent de ne pas atteindre le chiffre 10 sur l'échelle du bonheur... Puis j'enchaîne en disant que je n'ai pas de secret, mais plutôt une constante : j'ai régulièrement « hâte à quelque chose ». Plusieurs fois par heure.

N'allez pas penser que, pendant que j'ai hâte, je suis « dans l'attente » et que je vis dans le futur ! Pas du tout. Je sais avoir hâte tout en ramenant l'émotion d'anticipation au moment présent.

Avoir hâte me permet de surmonter certains moments plus difficiles ou de m'évader d'une situation vraiment plate en me disant que, bientôt, elle sera chose du passé.

Quel beau sentiment de joie et de plaisir que celui d'avoir hâte !

Avoir hâte à de petites choses simples du quotidien, c'est ce qui donne de la saveur à la vie. Par exemple, j'ai toujours hâte de me lever le matin, car je m'organise pour que ma journée soit faite de moments agréables, malgré les obligations et les corvées du quotidien. Je ne parle pas des « avoir hâte » traditionnels, comme être en vacances, recevoir des amis pour le souper ou aller voir un spectacle. J'ai remarqué que ce genre d'événement génère trop d'attentes et donc une possibilité de déception. On attend si longtemps, on compte les dodos et, quand l'événement tant attendu arrive, on se dit trop souvent : « Ah ben... Tout ça pour ça ? »

Voici d'autres exemples qui ne génèrent pas de grandes attentes, mais beaucoup de plaisir :

- avoir hâte d'écouter de la musique en roulant en voiture ;

- avoir hâte de raconter une anecdote à ma sœur Brigitte;

- avoir hâte de lire mes courriels et mes messages sur Facebook;

- avoir hâte d'aller voir Gustave;

- avoir hâte de manger les Popsicle maison que j'ai faits et qui sont en train de figer au congélateur;

- avoir hâte de boire une bière avec mon *chum*;

- avoir hâte de rencontrer mes lectrices en personne;

- avoir hâte d'essayer une recette;

- avoir hâte de boire ma première gorgée de thé;

- avoir hâte de regarder un épisode d'une émission que j'aime (ou plusieurs en rafales);

- avoir hâte (quand j'étais enfant...) à la rentrée scolaire pour porter mes souliers neufs;

- avoir hâte de revoir telle ou telle amie;

- avoir hâte de retrouver mon livre le soir venu;

- avoir hâte de laver le miroir de la salle de bains;

- avoir hâte de passer l'aspirateur dans ma voiture (je vous ai déjà raconté que c'était un de mes plus grands petits bonheurs...);

- avoir hâte de me retrouver devant mon ordi pour écrire un texte;

- avoir hâte d'essayer mon nouveau fond de teint;

- avoir hâte d'entendre Madeleine me réciter le nouveau monologue qu'elle a écrit.

Lorsque j'étais jeune mère, j'avais hâte d'aller chercher mes filles dans leur lit pour voir leur belle face qui avait déjà changé pendant la nuit. Ensuite, dans l'après-midi, j'avais hâte qu'elles s'endorment pour pouvoir lire quelques pages de mon livre en cours.

Parfois, lors de mes soupers, je fais un tour de table et demande à mes invités : « À quoi avez-vous hâte, ces temps-ci ? » Vous seriez surprises d'entendre les réponses... Ça va de « j'ai hâte d'essayer mon nouveau fusil à clous » à « j'ai hâte d'ouvrir mes conserves cet hiver » !

Mais attention, il faut apporter une nuance : avoir hâte et être excitée sont deux émotions tout à fait différentes. L'excitation est souvent superficielle, éphémère et coûteuse. Elle dépend de plusieurs facteurs extérieurs, alors que la hâte est une émotion intérieure, durable et gratuite.

Dans mon cas, avoir hâte m'excite au plus haut point !

Une vie où on a souvent hâte est synonyme d'une vie à notre goût, alors je vous invite à commencer votre journée en vous posant la question suivante : à quoi ai-je hâte ?

J'aime tellement la vie que la seule chose à laquelle je n'aurai jamais hâte, c'est de mourir !

CLÉ N° 3 : avoir sept ans

Est-ce que ça se peut, être trop heureuse ? Non. Est-ce que ça se peut, ressentir que notre bonheur (déjà grand) augmente un peu plus tous les jours ? Oui. Je le sais, je le vis et j'en suis surprise chaque fois que j'en prends conscience.

Flotter, toujours, dans la vie quotidienne, malgré les peines et même quand la vie fait des siennes. Voir du monde bon et en être émue. Un homme m'a dit dernièrement qu'il était dégoûté de côtoyer tous les jours la bêtise humaine. J'ai réfléchi et je me suis demandé si on vivait sur la même planète... Moi, tous les jours,

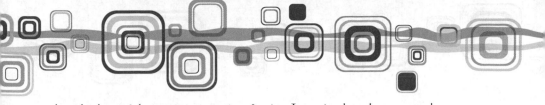

c'est la bonté humaine que je côtoie. Je vois du «bon monde» au quotidien. Des gens qui veulent faire une différence dans la vie des autres, des gens qui se dévouent pour créer un monde meilleur. J'écris ces mots et je vibre. Cette vibration, je la ressens au plus profond de mon être, au diapason de la bonté humaine. Comment j'arrive à voir cette dernière? C'est simple : à mes yeux, tout le monde a sept ans. Essayez-le et vous verrez qu'on ne peut pas détester un enfant de sept ans. On ne peut pas non plus lui prêter des intentions malveillantes. À cet âge-là, on est tous égaux. On vient de perdre sa première dent, on ne sait pas très bien lire, on a envie de s'amuser, de se balancer, de manger des bonbons, de chanter des chansons et de se fabriquer des maisons en carton. Je ne fais pas que m'imaginer les gens à l'âge de sept ans, je les *vois* vraiment. Ma voisine de soixante-quinze ans a sept ans, mon oncle Donald et ma tante Betty aussi. Mes patrons, mes collègues et tous les adultes que je côtoie ont des dents en moins, sautent à la corde, jouent au ballon et ricanent le soir dans leur lit en refusant de dormir.

Quand j'ai rencontré Cœur Pur, une des premières choses que je lui ai demandées, c'est une photo de lui à l'âge de sept ans. Je l'ai placée dans un petit cadre à côté de la mienne.

Avoir sept ans tout le temps m'apporte plus que n'importe quelle thérapie. Cette pratique me permet de vivre le moment présent tout en honorant mon cœur d'enfant. Elle me permet surtout d'arrêter de m'en faire outre mesure. Après tout, à cet âge-là, est-ce qu'on se soucie de savoir comment on va payer le compte d'Hydro ou l'épicerie de la semaine? Non. Est-ce qu'on stresse à propos de la rentrée au début de l'été? Non. On sait qu'on aura toujours de l'électricité, de quoi manger et une paire de souliers neufs à la rentrée.

Alors voilà! J'ai tenté du mieux que j'ai pu d'exprimer en trois clés ce qui me permet, à moi Marcia, de mordre à belles dents (même s'il m'en manque parce que j'ai sept ans) dans ma vie comme je l'aime!

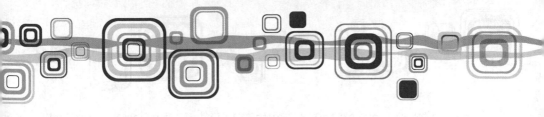

Enfin !

Je me suis souvent dit : « Un jour, ce sera mon tour. » Lors de chacun de mes déménagements, j'ai cru que mon tour était enfin arrivé et j'étais excitée à l'idée que cette fois-là serait peut-être LA bonne. J'espérais tellement vivre dans un environnement en ordre, qui me ressemble, avec juste ce qu'il faut d'objets ! Fini les serviettes qui me tombent dessus lorsque j'ouvre la penderie, fini le garde-manger avec huit boîtes de fécule de maïs parce que j'oublie toujours que j'en ai et que j'en rachète ! Je rêvais d'une armoire où mes livres seraient placés de façon à ce que je trouve rapidement la recette que je cherchais, de jouets qui correspondraient *vraiment* à l'âge de mes enfants, d'une quantité raisonnable de pinces à cheveux et de brosses en fonction du nombre de têtes qu'il y avait dans la maison (chauves exclus), de juste assez de vêtements mous pour les journées molles (et non pour habiller une armée de familles Slowmo). Fini les valises pleines de factures, de dessins d'enfants, de napperons de resto gardés en souvenir, de billets de ma première pièce de théâtre et de magazines qui datent de l'époque où la permanente était à la mode chez les hommes ! Je m'imaginais vivre dans une demeure avec de petits bibelots zen, disposés çà et là.

Lorsque j'emménageais dans une nouvelle maison, je la peinturais à mon goût, j'avais le projet de l'organiser parfaitement comme je le désirais, mais, toujours, revenait cette déception de constater, quelques semaines plus tard, que je n'y arrivais pas. Il y avait encore

des boîtes rangées au sous-sol avec la mention « à vider un jour » ou « tacou ». Vous savez ce qu'est un « tacou » ? C'est un objet dont on est incapable de se départir et qu'on déménage dans notre nouvelle demeure en se disant : « *Tacou* que j'en aurais besoin… » Et, étrangement, chaque fois qu'on en a *justement* besoin, on ne retrouve pas ledit objet ! Il doit sûrement être rangé avec les « ocazou ».

On continue donc de vivre dans notre nouvel environnement physique de la même façon qu'avant, même si nous avions la chance de repartir sur de nouvelles bases. On pense alors : « J'aurai une maison à mon goût quand je serai à la retraite ou quand je vivrai dans une résidence pour personnes âgées, avec une seule chambre à meubler. Là, je n'aurai pas le choix de vivre dans un environnement "désencombré". Mais, en ce moment, ma réalité ne me le permet pas. » Une réalité avec des enfants qui bougent, des ballons de soccer partout, des canards en plastique sur le bord de la baignore, cent paires de souliers dans l'entrée… sans parler de ce qu'on trouve dans notre garde-robe ! On rêve du jour où on aura assez d'espace pour se construire un immense *walk-in*. On rêve même du jour où un de nos enfants partira de la maison, pour utiliser sa chambre à cette fin et avoir un endroit pour étaler nos hauts, nos bas, nos accessoires, nos jupes et tout ce qui habille notre merveilleux corps de déesse ! En attendant, on fait de l'hyperventilation en voyant les cintres tellement coincés qu'on doit carrément sortir les pinces de décarcération pour trouver un chandail !

J'ai dû lire une quarantaine de livres sur la question. Je voulais des conseils, je voulais de l'aide pour trouver un système durable, une méthode agréable à mettre en application qui me permettrait de vivre dans un environnement matériel dont je suis fière. Le feng shui ? Trop compliqué et loin de ma réalité. Le dépouillement et la simplicité que prône Dominique Loreau dans son livre *99 objets nécessaires et suffisants* ? Un fantasme. Comprendre la psychologie de ma maison pour mieux la « désencombrer » ? Un peu trop ésotérique

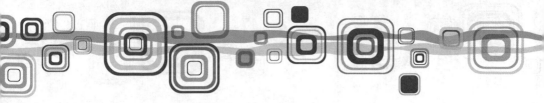

pour moi. Me joindre à un groupe d'accumulateurs compulsifs? Je ne suis pas rendue à ce point, quand même...

Un jour, ma sœur m'a fait parvenir un lien Internet vers un nouveau livre sur le sujet, best-seller mondial. Je l'ai acheté et ma vie a changé. Je ne vous mens pas! Est-ce parce que j'étais enfin prête, après toutes ces années d'entraînement, à réussir le test? Non. C'est plutôt parce que, pour la première fois, on me proposait cette approche: garder tous les objets qui me procurent de la joie. Selon les autres ouvrages, tout le monde doit vivre dans un environnement épuré... Alors, si je veux garder mes collections de Schtroumpfs et de bonshommes en carton, j'ai un problème mental? Cet exercice en particulier m'invite à aller au cœur de qui je suis.

Quel auteur a réussi cet exploit? Marie Kondo, une Japonaise, avec son livre *Le pouvoir étonnant du rangement*[11]. Elle y suggère une méthode fort simple pour que ce dossier en soit un de réglé, une bonne fois pour toutes.

Avant qu'on commence notre démarche, elle nous demande de définir pourquoi on veut entreprendre un processus de désencombrement. Si on répond que c'est pour ne plus vivre dans le fouillis et retrouver plus aisément nos affaires (bruit de *buzzer*), ce n'est pas la bonne réponse. Quelle est donc cette fameuse question à laquelle on doit répondre avant de se lancer?

«Que voulez-vous ressentir dans votre lieu de vie?»

Autrement dit, qu'est-ce que le fait de vivre dans un environnement bien rangé et épuré va vous permettre d'expérimenter? Pour chaque personne, la réponse est différente. La mienne occupe cinq pages écrites à la main, mais elle se résume ainsi: je veux un environnement qui me ressemble. OK, Marcia, et de quoi aurait l'air

---

11.   Éditions de l'Homme, 2015.

un environnement physique/lieu de vie qui te ressemble ? Il serait original, unique, et refléterait celle que je suis.

C'est à ce moment-là qu'on découvre la « mission » de notre maison, c'est-à-dire ce qu'on veut qu'elle nous fasse ressentir. Tout le processus de « désencombrement » qui s'ensuivra va découler de cet objectif.

J'ai compris que ce que je désirais plus que tout, c'était d'avoir dans ma maison plusieurs petites aires ayant chacune une vocation différente : un espace de lecture, un espace de méditation, un espace pour travailler, etc. Les objets qui y seraient rangés ou exposés auraient tous un lien avec la fonction de la pièce. Comment détermine-t-on ce qu'on garde ou non ? C'est simple ! On prend l'objet dans nos mains et on se demande s'il nous procure de la joie. Tout y passe : les chaudrons, les vêtements, les livres, les bibelots, les meubles, les photos, les lettres d'amour, la literie... Si on décide de garder tel ou tel objet parce qu'il nous procure de la joie, on doit ensuite trouver une façon de l'honorer, trouver la place qui lui revient, en se demandant non seulement où on va le ranger, mais aussi ce qu'il exprimera une fois rangé.

En quelques jours de désencombrement, j'ai rempli ma voiture cinq fois de tout ce qui ne me procure pas de joie, j'ai jeté plusieurs choses à la poubelle et je suis allée en porter à mon entourage ainsi qu'au comptoir familial. Pour la première fois de ma vie, je vais pouvoir dire ENFIN !

Les bienfaits du « délestage » ont déjà commencé à se faire sentir :

- Je me sens plus légère.

- J'apprécie davantage les objets et les vêtements que j'ai gardés et je peux en jouir, car ils sont maintenant à portée de main ! De plus, puisque je les ai choisis, je ne me sens pas envahie par eux.

- Je trouve ma maison vraiment plus belle et encore plus à mon goût.

- Le sentiment de fierté que j'éprouve en entrant chez moi ou lorsque j'ouvre mes armoires n'a pas de prix. Ça n'a rien à voir avec le matériel, mais tout à voir avec le côté émotionnel. C'est fou, mais ça augmente l'estime de soi! Comme si on méritait ENFIN un lieu de vie conforme à nos attentes.

J'ai parlé de cette découverte et de mon processus sur Facebook, avec photos à l'appui. À en juger par la réaction des femmes, le nombre de commentaires reçus et de questions posées, je peux affirmer que c'est un sujet qui touche tout le monde. Je me suis sentie moins seule en constatant que la plupart des femmes avaient le même fantasme que moi, c'est-à-dire de vivre dans un environnement qui leur ressemble, et qu'elles avaient essayé plusieurs méthodes, elles aussi.

Pour ma part, j'ai finalement trouvé comment y parvenir et je vous souhaite à toutes de vivre cette expérience magnifique, pour que vous puissiez à votre tour dire : «ENFIN!»

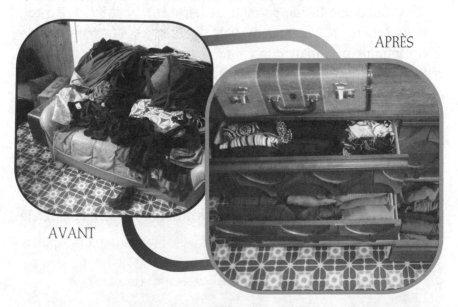

APRÈS

AVANT

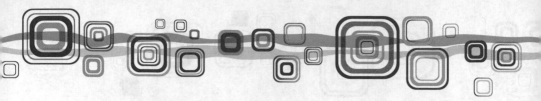

Mon amie Facebook

Facebook, c'est à toi que je m'adresse, mon amie. J'accorde au féminin, parce que je te vois comme une femme qui sait faire mille choses en même temps. Facebook, nous célébrerons bientôt notre deuxième année de rencontre. C'est peu, parce que tu existes depuis dix ans. Alors pourquoi n'étais-tu pas dans ma vie avant? Parce que j'avais des préjugés à ton égard. J'avais aussi un peu peur de toi, donc j'aimais mieux te fermer les portes de mon intimité. J'avais l'impression que tu étais très compliquée et superficielle. Jamais je n'aurais pensé que tu puisses être aussi simple, utile et intelligente.

Sais-tu ce que tu me permets de faire, Facebook? Grâce à toi, je peux échanger avec mes milliers de lectrices. Ces femmes que je ne connais pas, mais que j'aime d'amour, ces femmes qui ont changé ma vie, celles pour qui j'écris. Voilà maintenant six ans que je pense à elles, tout le temps, parce que je sais qu'on vibre à la même fréquence. Depuis la parution de mon premier livre[12], on a développé une belle et grande histoire d'amour. Pourtant, je ne pouvais pas assouvir mon désir de « connexion » avec mes lectrices. Je devais attendre différents événements (salons du livre, conférences, journées « La vie comme je l'aime ») pour les rencontrer en chair et en os. Ce n'était jamais satisfaisant pour moi, car je

---

12.   *La vie comme je l'aime – Chroniques d'hiver,* Éditions De Mortagne, 2009.

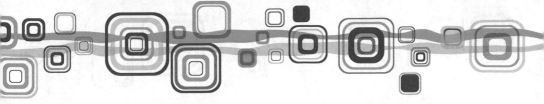

souhaitais établir un lien personnalisé et à long terme avec chacune des femmes qui m'écrivaient ou me parlaient. Mais maintenant, grâce à ton aide, mon amie Facebook, je peux entrer facilement dans la vie de mes lectrices.

Certains diront que je ne devrais pas les appeler ainsi, parce que des amies, ce n'est pas virtuel. C'est vrai que mes amies véritables sont des femmes en chair et en os que je connais depuis longtemps, qui m'ont vue dans toutes les situations et qui m'apportent de la soupe quand je suis malade ou déprimée. Ces amies-là, je les compte sur les doigts d'une main. Je ne les nommerai pas pour éviter de faire de la peine à quelqu'un, mais elles se reconnaîtront. Mes amies Facebook, elles, se compteraient sur les doigts de mille mains et, même si je ne partage pas avec elles des moments concrets (soupers d'anniversaire, conversations téléphoniques, visite urgente à cause d'une peine d'amour, etc.), nous connaissons un échange vrai et authentique, où se retrouvent une solidarité à toute épreuve, des encouragements, une grande fierté devant chaque victoire du quotidien, chaque réalisation. J'ai la chance d'être aux premières loges pour assister aux peines et aux joies de milliers de femmes qui, comme moi, ont une vie, des amours, des enfants, des questionnements, des problèmes, un sens de l'humour épatant et, surtout – et c'est ce qui me touche le plus –, un cœur gros comme la terre.

Ça me réconforte de savoir qu'elles vivent la même chose que moi. Je me sens moins seule quand je lis qu'une amie Facebook traverse des moments difficiles, qu'elle a besoin de meubles car elle vient de se séparer ou qu'elle veut des suggestions de recettes parce qu'elle reçoit la semaine prochaine. J'aime cet aspect communautaire.

Je ne laisse entrer aucun homme sur mon Facebook. Je veux qu'on reste entre femmes, comme dans nos fameux soupers de filles où nos *chums* ne sont pas invités. On est bien contentes de les retrouver le soir venu, mais, quand on a envie d'un souper de filles, c'est entre nous que ça se passe! Je prends aussi plaisir à cliquer

«J'aime» sous un statut ou sous une photo. Pas pour montrer que je suis sans arrêt sur les réseaux sociaux, mais simplement parce que cette femme, cette parfaite inconnue sur la photo, elle me donne l'impression d'être ma cousine, ma voisine, ma copine. Faire «J'aime», à mes yeux, c'est dire à l'autre : «Je suis là, je suis avec toi, on est toutes dans le même bain.»

Tu as bien quelques petits défauts, chère Facebook, mais qui n'en a pas... Tes citations ou pensées positives qui affluent de partout, par exemple, ou tes boules de poils en photo ou en vidéo (chat, chien, lapin) me font justement dresser les poils tant elles sont nombreuses. Que dire de tes montages photo qui ressemblent souvent à des hommages funèbres ! Tes photos de nourriture, aussi. Il n'y a rien de moins sexy qu'un potage en train de cuire ou des muffins qui sortent du four... Pour ma part, je me suis juré de ne jamais publier de photos de nourriture, à moins de manger un plat super exotique et inusité dans un autre pays. Quand une de mes amies Facebook met ce genre d'images sur mon mur personnel, je l'enlève, car elles n'ont pas le caractère personnalisé que j'apprécie dans une publication.

Je suis toujours surprise de voir la quantité de commentaires dithyrambiques sur mon fil d'actualités : «Wow que tu es belle, wow tu ne vieillis pas.» Je me demande parfois si les gens n'ont pas accès à une banque de commentaires préécrits qu'ils distribuent sans même vérifier si cela s'applique vraiment à la publication.

Et sais-tu ce que je déteste par-dessus tout ? Les commentaires écrits sans filtre, sans tact, par des gens qui trouvent le courage de dire ces choses parce qu'ils sont cachés derrière un écran, mais qui se tairaient si la personne en question se trouvait devant eux. Oh ! J'oubliais toutes les maudites invitations à jouer à des jeux ! De quoi devenir folle ou avoir envie de fermer son compte à tout jamais pour aller vivre sur une île déserte, là où il n'y a aucun risque de voir une photo de *Candy Crush*...

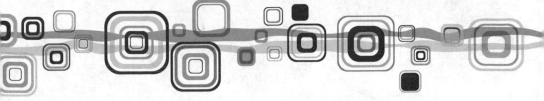

Toutefois, ces « légers » désagréments mis de côté, je peux dire que je ne pourrais plus me passer de toi, amie Facebook. Tu as su prendre place dans ma réalité non virtuelle et tu m'aides au quotidien à être celle que je veux être, à rayonner sans limites. Je te cliquerai des « Je t'aime » encore longtemps, je crois. Merci !

Venez me retrouver sur
ma page Facebook.

J'ai hâte d'échanger
avec vous !

Marcia

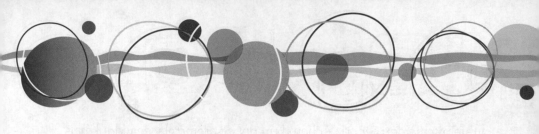

Maudites «amanchures»!

Il y a plus de vingt ans, j'ai mis les pieds pour la première fois de ma vie dans un magasin IKEA... et j'en ai eu pour des mois à m'en remettre! Je venais de découvrir que, dans une maison, on peut «faire ça simple»! Je m'explique. J'ai été élevée par une mère qui, je crois, ne connaissait pas l'existence de choses simples et indispensables comme un babillard, un égouttoir pour la vaisselle, un tablier, etc. Ma mère se «patentait» des «amanchures» avec les moyens du bord. Par exemple, elle accrochait toutes ses notes (prises sur des bouts de papier recyclé) sur le rideau de la cuisine, avec des épingles à linge. En plus, pour faire sécher la vaisselle, elle se servait de deux cabarets en plastique qui ramassaient l'eau plutôt que de la laisser s'égoutter.

Elle a eu son *trip* de velcro, qu'elle utilisait à toutes les sauces partout dans la maison: garde-manger, réfrigérateur, penderie, armoire à pharmacie... aucune surface n'y échappait. Pour les faire sécher, elle suspendait les feutres de nos bottes d'hiver au rideau de la porte-fenêtre avec... du velcro. Un jour, en revenant de l'école, on a même trouvé notre chat Mamine «pogné» dans le velcro!

Quand j'ai commencé à aller garder des enfants, je me suis rendu compte à quel point la vie pouvait être facile avec un filtre à café (au lieu d'un coton à fromage), que les cure-oreilles n'avaient pas été inventés pour les animaux, que les accessoires de Barbie se vendaient *vraiment* en magasin et que ma poupée pouvait se baigner dans une vraie piscine dernier cri, au lieu d'un pot de crème glacée vide. J'étais étonnée aussi de découvrir l'existence des contenants Tupperware, car chez mes parents, pour garder des restes dans le réfrigérateur, on empilait des bols l'un par-dessus l'autre avec une assiette en guise de couvercle. Une essoreuse à salade? Connais pas. Ma mère enroulait les feuilles de laitue dans des foulards de soie pour les faire sécher.

Et que dire de ses recettes maison pour la santé, le soin des cheveux, le maquillage, ou de sa manie de récupérer la mousse de sécheuse pour rembourrer des poupées! Pendant des années, peu importe où je vivais (même en camping), j'ai refusé toute forme d'«amanchure». J'ai toujours eu un égouttoir, un babillard, une essoreuse à salade, une bouilloire, un séchoir à linge, etc. Jusqu'à ce que je rencontre Cœur Pur... Non seulement il m'a réconciliée avec les «amanchures», mais il m'a convertie. Mon *chum*, c'est le meilleur inventeur de systèmes uniques, marginaux et efficaces pour améliorer le quotidien. Avec lui, tout peut se ré-ré-ré-ré-réutiliser. Il sait donner plusieurs vies aux objets avec une roulette de *tape*[13] et son imagination fertile. Après neuf ans en couple avec lui, je remercie aujourd'hui Cœur Pur pour cette façon ingénieuse, pratico-pratique, originale et si simple qu'il a d'organiser notre vie. Grâce à lui, j'ai pu constater que les «amanchures» de ma mère m'ont transmis de précieuses valeurs. Ainsi:

- Je ne cours pas au magasin aussitôt qu'il me manque quelque chose.

- Je sais donner plusieurs vies aux objets.

- J'ai une façon de faire unique et originale, loin de celle qui consiste à faire comme tout le monde à tout prix.

---

13.   Vous vous souvenez de ma chronique «La roulette de *tape* de mon *chum*», dans *La cinquième saison*?

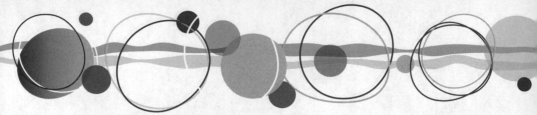

- J'aime que mon quotidien se transforme en une aventure teintée de créativité et d'ingéniosité.

Et tout ça, je ne le trouverai jamais chez IKEA.

La nouvelle « ammanchure » de ma
mère : un support à livres.

Top dix des choses que je déteste le plus

N° 1 – JE DÉTESTE ME FAIRE DIRE : « TU RESSEMBLES TELLEMENT À !... »

Est-ce que ça vous est déjà arrivé de vous faire dire : « Tu ressembles tellement à la cousine, l'amie, l'ancienne voisine ou la collègue de [quelqu'un] » ?

Si oui, avez-vous déjà eu la chance de voir ladite cousine, amie, voisine ou collègue ?

Règle générale, les gens à qui on nous compare sont presque toujours beaucoup plus laids que nous ! Quand j'ai le malheur de rencontrer la personne qui, semble-t-il, est ma copie conforme, je fais une dépression instantanée ! Je me dis intérieurement : « *My God !* J'espère que je ne suis pas "laitte" de même ! »

Puisque je ne me suis jamais fait dire que je ressemblais à quelqu'un de plus beau que moi, j'en ai tiré deux conclusions :

1. Chaque femme qui se fait dire qu'elle ressemble à Marcia Pilote doit être déçue elle aussi, et elle doit penser : « Eh *boy !* Je croyais que j'étais plus belle que ça ! »

2. On se voit peut-être beaucoup plus belle qu'on ne l'est réellement !

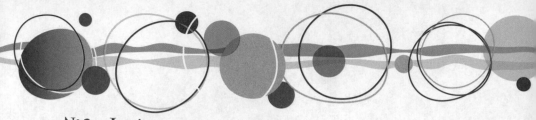

N° 2 – Je déteste jouer aux cartes.

La personne qui écrit ces mots a vraiment TOUT fait pour aimer jouer aux cartes. Elle a aussi tout fait pour que ça ne paraisse pas qu'elle ne comprend jamais RIEN aux règles des jeux de cartes (à part le huit). Pendant des années, elle s'est retenue de hurler quand les autres essayaient de lui expliquer comment jouer... le monde explique TELLEMENT mal !!

Elle a même déjà essayé de tricher pour mettre un peu de « PIQUE-ant » dans ces interminables soirées de cartes, où son plaisir s'effondrait aussi rapidement qu'un château. N'allez pas croire qu'elle n'a pas de CŒUR, mais elle doit admettre qu'elle reste « TRÈFLE-egmatique » quand ses adversaires frappent sur la nappe à CARREAUX pour annoncer qu'il ne leur reste qu'une carte. Alors, pour celles qui aiment les soirées de cartes, la personne qui écrit ces mots est la REINE des emmerdeuses !

N° 3 – Je déteste être obligée de « faire de la façon » à un bébé que je trouve laid.

D'entrée de jeu, j'ose affirmer qu'il n'y a pas beaucoup de bébés que je trouve beaux. Pour moi, un bébé, c'est une « marionnette en peau » susceptible à tout moment de déverser des fluides : de la bave, du « régurgita », de l'urine, de la morve... Quand une mère me montre fièrement son nouveau-né en photo et que je le trouve laid, j'arrive à faire un peu semblant qu'il est mignon. Mais, quand le nouveau-né est en face de moi à l'épicerie, par exemple, je suis incapable de masquer mon malaise.

Si en plus le bébé est une fille affublée de boucles d'oreilles et d'un bandeau qui entoure maladroitement son crâne chauve, je ne peux pas rester plus de deux minutes devant ce spectacle. Comment je m'en sors ? J'invente une excuse, je mens. Je dis que je suis super

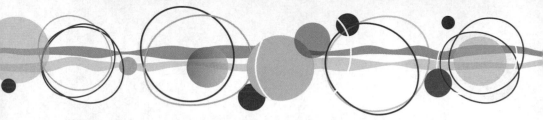

pressée, car je dois aller rejoindre mon bébé qui m'attend à la garderie...

N° 4 – JE DÉTESTE ÉCOUTER PARLER UNE PERSONNE ÂGÉE QUI A LE DENTIER LOUSSE.

Quand une personne qui porte un dentier me raconte une histoire, aussi passionnante soit-elle, si son dentier est *slack* c'est plus fort que moi, je n'entends pas ce qu'elle me dit, seulement le bruit. Je perds donc complètement le fil de la conversation, trop occupée à me poser les questions suivantes :

- Est-ce qu'elle entend elle aussi ce bruit ? La source en est plus près de ses oreilles que des miennes...

- Comment pourrais-je faire pour avoir l'air de suivre son histoire ?

- C'est peut-être parce que son dentier passe la nuit dans un verre d'eau... il a « refoulé » au lavage !

Mais ce que je déteste par-dessus tout dans ce genre de situation, c'est mon incapacité à passer par-dessus ce petit irritant, car ça gâche un beau moment de ma vie...

N° 5 – JE DÉTESTE ÊTRE EN VISITE CHEZ QUELQU'UN.

Pas pour un souper, mais pour une durée de vingt-quatre heures ou plus. Tu te sens prise en otage, rien de moins. Le matin, au déjeuner, tu es obligée d'être fine, de bonne humeur, de faire des crêpes et d'endurer les histoires de rénovations de tes hôtes. Tu ne peux surtout pas faire la grasse matinée (c'est impoli !). Tu ne peux pas non plus laisser traîner tes affaires et il faut même aider un peu à nettoyer pour montrer que tu sais vivre.

Quand tu es en visite chez quelqu'un, il y a toujours un chien énervé qui jappe ou qui te *sniffe* l'entrejambe, tu ne sais jamais où

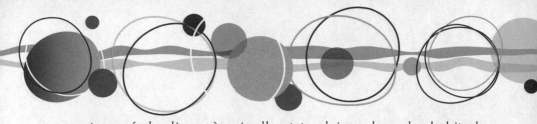

sont rangés les linges à vaisselle et tu dois endurer les habitudes de la maison (comme de mettre tellement de musique d'ambiance pendant le souper que la visite ne s'entend plus parler). Au moins, au restaurant, c'est moins gênant de demander de baisser le son...

En plus, lorsqu'on est reçue, cela implique qu'il faut rendre la pareille par la suite... c'est-à-dire recevoir des gens qui, une fois repartis, *bitcheront* à propos de notre musique trop forte, de nos enfants mal élevés et de notre désordre!

Ceux qui nous reçoivent disent tous «faites comme chez vous», mais ce n'est pas vrai... Si je faisais comme chez moi, je serais couchée depuis longtemps! Le meilleur compromis que j'ai trouvé? Mon *camper*. Je rends visite aux gens, mais je peux m'y retirer quand je veux!

N° 6 – Enfant, je détestais ne pas comprendre les expressions des adultes.

Conséquence: aujourd'hui, j'ai l'obsession d'expliquer aux enfants toutes les phrases sans queue ni tête qu'ils entendent, pour qu'ils ne grandissent pas, comme moi, avec des points d'interrogation dans les yeux.

Voici quelques exemples de phrases que je ne comprenais pas, enfant...

* Un père qui disait: «J'marie ma fille, cet été.» Je pensais vraiment qu'il allait se marier avec sa fille... et je ne saisissais pas pourquoi personne ne réagissait! (J'ouvre une parenthèse: à la remise des diplômes de Madeleine il y a deux ans, j'ai entendu une mère dire, les larmes aux yeux, à propos de sa fille: «Je *gradue* ma cocotte!» J'ai failli intervenir, mais je ne voulais pas faire honte à ma fille...)

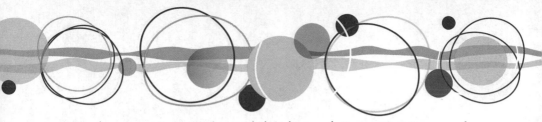

- Au magasin, quand un adulte demandait «un trente sous» à un autre et que ce dernier lui donnait une pièce de vingt-cinq sous, je me demandais si j'étais la seule à savoir compter... Je voyais bien qu'il manquait cinq sous et, pourtant, personne ne s'en apercevait!

- Quand une personne n'avait pas bien compris ce qu'une autre venait de lui dire, elle rétorquait «comment tu dis ça?» au lieu de «j'ai pas bien compris, peux-tu répéter?». Comment je dis ça? Euh... en ouvrant la bouche et en émettant des sons qu'on appelle des mots, qui forment une phrase!

- À l'épicerie, la caissière demandait à ma mère : «Ça va être tout, madame... euuuuuuuuuuuuuh?» en faisant semblant qu'elle connaissait son nom de famille, mais qu'elle ne s'en souvenait pas. Naïve, je disais toujours le nom de ma mère à voix haute pour aider la caissière... jusqu'à ce que je m'aperçoive qu'elle faisait ça avec tous les clients! C'était une technique de marketing pour faire sentir unique la cliente, comme si elle les connaissait toutes personnellement, mais qu'elle avait un p'tit trou de mémoire. Un trou de mémoire qui, étrangement, arrivait toujours quand c'était au tour de ma mère de payer!

N° 7 – JE DÉTESTE ÊTRE UNE VEDETTE.

Peu de personnalités vous le diront, mais il y a un aspect très désagréable à être connu. Surtout quand vous êtes comédienne. En ce qui me concerne, depuis que je suis animatrice et auteure je n'ai jamais vécu ce genre de malaise avec mes lectrices ou avec le public, car les gens qui viennent me parler s'adressent à Marcia, pas à un personnage qu'ils ont vu à la télé.

Si vous saviez tout ce qu'on se fait crier dans la rue quand on joue dans un téléroman! Du temps de *Chambres en ville*, lorsque

j'incarnais le personnage de Josiane, j'entendais ce genre de phrases TOUS les jours :

— Heille, Josiane! C'est comment, embrasser un Noir?

— Heille, Josiane! Tu diras bonjour à Pete!

Sur un terrain de camping, une femme a même déjà ouvert la porte de ma tente pendant que je faisais une sieste pour me prendre en photo.

Des exemples comme ça, j'en aurais des dizaines à vous raconter... Un couple qui vient s'asseoir à ta table au restaurant (pendant que tu es en tête-à-tête avec ton *chum*) et qui ne décolle pas de la soirée.

Des gens qui utilisent tes enfants (leur donnent des bonbons, leur font des compliments, etc.) pour que tu les remarques.

Ceux qui t'arrêtent dans une allée, au magasin, et qui te font poireauter pendant une demi-heure parce qu'ils cherchent où ils t'ont vue et que toi, tu es trop gênée pour leur dire que c'est à la télé...

Ceux qui ne se gênent pas pour passer tous leurs commentaires, comme : « T'es ben plus belle à la télé qu'en vrai! »

N° 8 – JE DÉTESTE ENTENDRE PARLER UN ADO QUI MUE.

Ayant eu deux filles, je n'avais pas connu cette étrange expérience que de vivre sous le même toit qu'un ado qui mue. Le fils aîné de mon *chum* m'a fait découvrir ces sons insolites il y a quelques années, et voilà que c'est maintenant au tour de son autre fils, Arthur. Je sais que ça peut sembler bizarre, mais ça me rend agressive. Depuis des mois, j'ai l'impression d'avoir dans ma maison un chanteur qui fait des tests de son et ses vocalises. J'ai envie de lui dire : « Va donc tester tout ce que tu as à tester ailleurs et, quand tu auras trouvé ton registre, tu pourras revenir, PAS AVANT! »

Chaque fois qu'un ado qui mue ouvre la bouche, j'ai peur de ce qui va en sortir. Parfois c'est très aigu, d'autres fois je croirais entendre la voix grave de l'homme qui fait la narration des bandes-annonces au cinéma. J'ai même parfois l'impression qu'il a inhalé de l'hélium... c'est insupportable!

N° 9 – JE DÉTESTE LES **AVANT/APRÈS**.

Je suis probablement anormale, car, dans la plupart des métamorphoses «avant/après» qu'on voit dans les magazines ou à la télé, que ce soit un relookage vestimentaire, capillaire ou d'une pièce de la maison, je trouve le résultat final souvent plus laid que ce que c'était avant.

On dirait que les auteurs de la transformation oublient de respecter l'essence de la personne qu'ils transforment, pour donner un meilleur *show*. On se retrouve donc avec des looks très beaux en soi, mais avec le malaise de voir quelqu'un endosser un style qui n'est pas le sien. Des mèches rouges dans les cheveux d'une femme qui les avait gris quelques heures auparavant, c'est tellement intense que je ferme aussitôt la télévision ou le magazine.

N° 10 – JE DÉTESTE LES GENS QUI SE PLAIGNENT.

On n'avait pas le droit de se plaindre ou de se lamenter dans la maison familiale (merci, Lucie et Louis, de nous avoir éduquées de cette façon). Si on avait une doléance ou un problème, ma mère nous demandait: «Est-ce que tu veux en parler ou tu veux le régler?»

Si on répondait qu'on voulait juste en parler pour se plaindre, elle réglait la minuterie du poêle et nous avions droit à cinq minutes pour chialer. Pas à une seconde de plus. Voilà pourquoi je suis INCAPABLE d'entendre quelqu'un se plaindre.

Même quand mes filles étaient petites et se blessaient, je ne me garrochais pas par terre pour leur faire un «becquer bobo», le

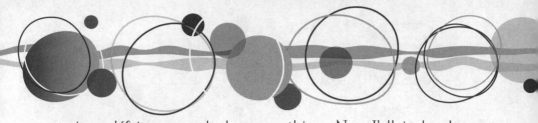

visage défait par une douleur empathique. Non. J'allais chercher un pansement, je soignais l'enfant et go, il retournait jouer.

Pire encore que les plaignards? Les super plaignards. Ceux pour qui c'est TOUJOURS PIRE que pour les autres.

- Ils ne sont pas affamés, ILS SE DIGÈRENT L'ESTOMAC!

- Ils n'ont pas froid aux mains, ILS ONT LES DOIGTS TELLEMENT GELÉS QU'ILS VONT TOMBER!

- Ils ne sont pas fatigués, ILS SONT MORTS D'ÉPUISEMENT!

- Ils n'ont pas une envie pressante d'uriner, LEUR VESSIE VA EXPLOSER!

- Ils n'ont pas chaud, ILS SE LIQUÉFIENT!

- Ce n'était pas juste désagréable, C'ÉTAIT L'ENFER!

- Elles ne sont pas menstruées, ELLES SAIGNENT COMME UN COCHON!

- Elles n'ont pas de la peine, ELLES BRAILLENT LEUR VIE!

- Elles n'ont pas un simple bouton sur le visage, ELLES SONT DÉFIGURÉES.

À mon avis, les plaignards devraient aller se faire soigner. J'ai même pensé mettre sur pied un groupe de soutien, les PA (plaignards anonymes), mais j'ai tôt fait de laisser tomber l'idée, car j'ai imaginé la scène : un groupe de personnes qui, pendant toute une soirée, se plaindraient d'être mal assises, que le café est infect, que le sous-sol d'église est mal éclairé, que l'animateur ne parle pas assez fort, etc. Non merci!

En terminant, je vous recommande d'écrire vous aussi votre *top* dix des choses que vous détestez. Ça ne changera peut-être jamais rien à vos sentiments, mais chose certaine, ça défoule et c'est thérapeutique!

Pour toutes les fois où...

- Pour toutes les fois où je n'ai pas su répondre à quelqu'un qui m'offensait...

    ...je m'engage à partir de maintenant à prendre ma défense en tout temps.

- Pour toutes les fois où j'ai préféré me taire plutôt que de donner mon opinion...

    ...je m'engage à partir de maintenant à exprimer ce que je pense véritablement, et ce, peu importe l'occasion.

- Pour toutes les fois où j'ai refoulé ma peine...

    ...je m'engage à partir de maintenant à pleurer lorsque la tristesse se présente.

- Pour toutes les fois où j'ai dit « oui » quand je pensais « non », et « non » quand je pensais « oui »...

    ...je m'engage à partir de maintenant à toujours donner l'heure juste aux autres.

- Pour toutes les fois où j'ai voulu faire plaisir aux autres même si ce qu'ils voulaient ne me tentait pas du tout...

    ...je m'engage à partir de maintenant à me consulter d'abord pour savoir ce dont j'ai envie.

- Pour toutes les fois où j'ai dépensé mon argent inutilement...

    ...je m'engage à partir de maintenant à dépenser mon argent en respectant mes valeurs.

- Pour toutes les fois où je me suis trouvée moche en me regardant dans le miroir...

    ...je m'engage à partir de maintenant à me faire un compliment à l'heure.

- Pour toutes les fois où je suis rentrée dans le rang alors que je n'en avais aucune envie...

    ...je m'engage à partir de maintenant à être celle que je suis vraiment, sans compromis.

- Pour toutes les fois où je me suis surmenée pour impressionner la galerie...

    ...je m'engage à partir de maintenant à prendre conscience de mes limites et à les respecter.

- Pour toutes les fois où je me suis perdue de vue au point de ne plus savoir qui j'étais...

    ...je m'engage à partir de maintenant à me rappeler qui je suis et quelles sont mes valeurs chaque fois qu'il y a un danger que je me perde.

- Pour toutes les fois où je me suis traitée sévèrement...

    ...je m'engage à partir de maintenant à être bonne envers moi, quoi qu'il arrive, même si je ne suis pas parfaite.

- Pour toutes les fois où j'ai laissé la honte gâcher de beaux moments...

  ...je m'engage à partir de maintenant à afficher fièrement toutes les facettes de mon être.

- Pour toutes les fois où j'ai fait semblant de comprendre quand les gens parlaient d'un sujet que je ne connaissais pas...

  ...je m'engage à partir de maintenant à dire ouvertement « je ne sais pas de quoi vous parlez ».

- Pour toutes les fois où je suis restée dans l'ombre...

  ...je m'engage à partir de maintenant à chercher et à trouver *ma* lumière.

- Pour toutes les fois où j'ai jeté l'éponge avant de pouvoir vivre une réussite...

  ...je m'engage à partir de maintenant à récolter le fruit de mes efforts.

- Pour toutes les fois où j'ai laissé les autres me traiter injustement...

  ...je m'engage à partir de maintenant à dénoncer toute injustice à mon endroit.

- Pour toutes les fois où j'ai dit après coup : « Ah ! j'aurais donc dû !... »

  ...je m'engage à partir de maintenant à écouter mon intuition.

- Pour toutes les fois où j'ai perdu de l'énergie à me battre inutilement...

  ...je m'engage à partir de maintenant à mieux choisir mes combats.

- Pour toutes les fois où j'ai fait des choses qui, selon les autres, n'avaient «pas d'allure»...

  ...je m'engage à partir de maintenant à honorer ma façon de faire en ne tenant pas compte du jugement des autres.

- Pour toutes les fois où je me suis reproché de prendre trop de place...

  ...je m'engage à partir de maintenant à occuper la place qui est mienne.

- Pour toutes les fois où j'ai douté de moi...

  ...je m'engage à partir de maintenant à m'accorder la plus grande confiance qui soit.

- Pour toutes les fois où je n'ai pas osé...

  ...je m'engage à partir de maintenant à aller de l'avant et à foncer en ayant foi en la vie.

- Pour toutes les fois où j'ai perdu pied et où je suis tombée...

  ...je m'engage à partir de maintenant à marcher solidement sur mon chemin de vie et à me relever s'il m'arrive de tomber.

- Pour toutes les fois où j'ai refréné mes ardeurs...

  ...je m'engage à partir de maintenant à utiliser le bon carburant, celui qui me fera avancer à vitesse grand V.

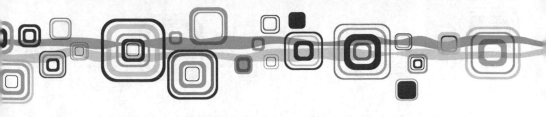

Grâce à elle

Grâce à elle, je suis celle que je suis aujourd'hui...

Si je vous demandais de remplacer le mot « elle » par le nom d'une femme, je suis certaine que vous auriez au moins trois noms qui vous viendraient tout de suite en tête, trois femmes sans qui vous ne seriez pas celles que vous êtes.

Dans mon *top* trois des « grâce à elle » (et elle ne le sait même pas!), il y a Anne-Marie Chagnon. Vous ne la connaissez peut-être pas personnellement, mais vous avez certainement vu ses magnifiques collections de bijoux. C'est une créatrice exceptionnelle et une femme des plus inspirantes. Je peux même affirmer que, si j'ai un rapport aussi sain à mon corps, si je ne suis jamais au régime et si je m'habille avec des vêtements qui me mettent en valeur, c'est grâce à elle. Il y a quinze ans, j'ai passé quelques heures en sa compagnie lorsque j'étais recherchiste et que je préparais une émission pour Claire Lamarche. Nous voulions parler des femmes qui ont un gabarit « hors normes » et qui s'aiment telles qu'elles sont. Après avoir vu un article dans le journal où Anne-Marie présentait ses photos artistiques où elle était vêtue de façon très sexy, Claire m'a demandé d'aller la rencontrer pour évaluer si on pouvait enregistrer une émission d'une heure avec elle. J'ai donc passé une soirée chez elle et, un mois plus tard, elle venait en studio pour enregistrer une émission qui a fracassé des records de cote d'écoute. Et tout ça, c'était bien avant que les sujets de la diversité et de l'image corporelles dans

les médias soient populaires. On n'en parlait jamais, même si ce sont des enjeux pourtant importants.

J'ai enregistré notre conversation et retranscrit mot à mot ses propos. Pour cette chronique, je souhaitais vous offrir mon entrevue avec Anne-Marie, car elle compte parmi celles qui ont eu le plus d'influence sur moi.

Alors que j'étais à peine âgée de six mois, on m'a diagnostiqué une « obésité morbide » à l'hôpital Sainte-Justine. Pourtant, il n'y avait personne de gros dans ma famille. Le mystère était total.

À douze ans, je pesais deux cents livres. J'ai beaucoup souffert du regard des autres: on me taquinait continuellement – surtout à l'école – et la majorité des gens autour de moi voulait que je maigrisse. « Pour que je sois plus heureuse », me disait-on. C'est difficile pour les gens qui t'aiment de voir le regard de désapprobation que les autres posent sur toi. Tu veux agir, réagir! Sans pourtant prendre toujours le bon chemin... Mais ça, c'est humain. On grandit grâce à nos essais, nos erreurs et nos réussites.

Vers l'âge de dix ans, j'étais suivie par des médecins et par une diététicienne qui me faisaient apprendre par cœur comment bien me nourrir. Mais je le savais déjà! Mon père est un fan fini de l'alimentation naturelle. Il faisait son tofu maison (à l'époque où personne ne savait ce qu'était le tofu), on mangeait seulement du beurre d'arachides naturel, il n'y avait aucun faux sucre dans la maison, le pain était fait à la main et les pâtes de blé entier aussi. Même les tomates poussaient l'hiver, dans le sous-sol!

À ce moment de ma vie, j'allais à Sainte-Justine toutes les semaines et tout le monde était sur mon cas. Mes gardiennes m'encourageaient à

maigrir. Il y en a même une, un jour, qui m'a promis qu'elle m'achèterait ce que je voulais si je réussissais.

Je voulais maigrir ; je suivais des cours de ballet, je voyais les autres filles et j'étais très malheureuse. Je voulais ressembler à mes amies.

À seize ans, tout a changé. J'ai arrêté de manger. Je n'étais plus menstruée, je faisais environ trois heures de sport par jour. J'ai perdu cent livres en huit mois. J'ai aussi perdu beaucoup de cheveux... Je pesais alors cent quatre-vingt-dix livres. Bien sûr, j'ai repris du poids par la suite. À titre d'exemple, je suis allée en croisière et j'ai repris quinze livres en cinq jours. Je n'ai pas mangé démesurément. J'ai plutôt mangé normalement. Comme ceux autour de ma table. Mais un corps qui a connu la famine démontre assez vite et assez clairement qu'il n'a pas aimé. Dès qu'on lui redonne des aliments riches en nutriments, en vitamines et en minéraux, la saga du yoyo commence.

Ironiquement, dans la vingtaine, chaque fois que je voulais me mettre au régime un gars entrait dans ma vie. Un gars qui trouvait que j'avais un corps de déesse, qui me trouvait belle comme j'étais. Et, quand un gars me disait ça, je le croyais. Je n'étais pas quelqu'un qui détestait son corps. La pression venait davantage des gens autour de moi. Si j'avais été seule sur une île déserte, je n'aurais jamais fait de régime, je peux te l'assurer ! Je n'étais pas malheureuse.

L'acceptation est arrivée graduellement. Je n'avais pas de difficulté à me trouver un chum, j'avais une vie amoureuse et sexuelle très satis-faisante. J'ai toujours mis ma différence de l'avant au lieu de tenter de la cacher. J'ai tellement rencontré de gens méprisants, quand j'étais jeune, que je crois que ç'a été pour moi le facteur déterminant qui m'a aidée à m'accepter. Le genre de personnes qui te trouvent laide, et ça paraît dans leurs yeux.

Depuis que j'ai vingt ans, je m'habille très sexy. Une fille qui essaie de camoufler son poids en portant des vêtements amples, ça ne change

rien... on le sait, qu'elle est grosse. Camoufler son corps, c'est démontrer clairement aux gens qu'on ne s'accepte pas.

Pourquoi ne pas s'habiller de façon à mettre son corps en valeur? Certaines filles ne sont pas rendues là. Mais la plupart commencent à se réveiller. Et, avant de se réveiller, on est très malheureux. La plupart des filles à qui je parle qui n'ont pas eu le «déclic» sont avec des gars qui ne les trouvent pas belles, et ça n'aide pas. (Les filles qui ne s'aiment pas vont aller inconsciemment vers des gars qui ne les aiment pas physiquement, comme pour confirmer qu'elles ne sont pas belles.) Certaines seront prêtes à beaucoup de sacrifices simplement pour qu'un gars daigne les toucher et sorte avec elles. Elles croient qu'elles ne méritent pas l'amour.

As-tu pu observer une différence dans le regard des autres selon qu'on est mince ou gros?

J'ai l'impression que, quand tu es mince, tu peux t'habiller comme tu veux, tu vas au dépanneur vêtue un peu tout croche et ce n'est pas grave. Moi, si je sors habillée un peu tout croche, je vois tout de suite que ça ne passe pas dans le regard des gens et je l'entends dans leurs remarques. Déjà qu'être grosse est inacceptable, si en plus je ne fais pas un effort pour m'habiller comme il faut pour aller à l'épicerie, c'est la fin du monde! «Regarde donc la grosse!» Et, si je m'habille sexy, je sens encore une fois le jugement des autres... «Regarde la grosse, elle ne devrait pas avoir le droit de porter ça...» Les gens sont très sévères envers ceux et celles qui ne correspondent pas aux critères de beauté.

Un autre exemple: un gros qui mange une salade au resto. Les gens se disent: «Il se retient, mais attends qu'il arrive chez lui!» Tandis que, s'il mange un hamburger (alors que tout le monde autour de lui en mange aussi), les gens diront: «Il peut ben être gros.» D'une manière ou d'une autre, tu ne peux pas t'en sortir.

*Ou encore, une grosse qui mange une barre de chocolat en public...
ça, c'est fatal!*

COMMENT FAIT-ON POUR NE PAS ÊTRE AFFECTÉE PAR ÇA?

*Je ne pense pas qu'on puisse être complètement indifférente. Il y a
des jours où on se sent beaucoup plus confiante et là, peu importe les
remarques et les regards désobligeants, ça ne nous atteint pas.*

*Si tu venais marcher avec moi, tu verrais que, chaque fois que je
sors, il y a au moins douze personnes qui me dévisagent ou qui font un
commentaire du genre: «Ah, mon Dieu! As-tu vu la grosse?»*

*Les gros sont souvent méprisés parce qu'on croit qu'ils sont les seuls
responsables de leur surpoids et, donc, qu'ils sont lâches, n'ont pas de
courage, s'alimentent mal, ne bougent pas assez et ne font pas attention
à eux. Bien sûr, il y en a plusieurs pour qui c'est le cas. Mais on pourrait
dire la même chose des gens minces! Les «maux» qui les atteignent sont
simplement moins flagrants que d'être bedonnant.*

*Être gros n'est pas toujours dû à l'équation: tu manges mal = t'es
gros, ou tu bouges pas = t'es gros. C'est terrible de manger juste de la
cochonnerie et de ne pas bouger, mais ce ne sont pas juste les gros qui
ont le monopole de ces hérésies! Pour moi, bien m'alimenter est une
priorité depuis que je suis sortie du cercle vicieux des régimes. Être au
régime ne rime pas nécessairement avec avoir une bonne alimentation.
Quand j'avais douze ans, un médecin me donnait des poudres vitami-
nées à diluer dans de l'eau et à prendre à la place de mes trois repas.
Pas de fruits, pas de légumes, rien de vivant non plus, et ce, pendant des
semaines! Et on osait me parler de santé... Quel non-sens! Ce régime-là
était un cas extrême; les régimes ne sont pas nécessairement mauvais,
mais j'ai remplacé le mot «régime» par «santé», dans ma vie. Ça sonne
mieux. Et c'est plus joyeux.*

Notre éducation judéo-chrétienne n'aide pas beaucoup. Les sept péchés capitaux, le travail, la privation, etc., tu remarques que tout ce qui représente du plaisir est synonyme de mal.

Quand une femme suit un régime, elle est traitée en héroïne. Elle est fière de manger son yogourt nature devant ses collègues à l'heure du dîner. À ses yeux, c'est un acte de bravoure et de contrôle, et plusieurs y voient une valorisation importante. Quand quelqu'un a maigri, on le félicite. Alors, il se sent tout-puissant!

Les gens au régime sont un peu comme des anciens fumeurs; ils sont intolérants devant quelqu'un de gros et ont de la difficulté à accepter que l'autre ne choisisse pas la même voie.

QU'EST-CE QUE TU DIRAIS AUX FILLES QUI ONT UN SURPLUS DE POIDS ET QUI N'ARRIVENT PAS À S'ACCEPTER, QUI VEULENT ENCORE SUIVRE UN RÉGIME, MÊME SI C'EST LA QUARANTE-CINQUIÈME FOIS?

Je leur dirais d'essayer de comprendre pourquoi elles veulent maigrir. Souvent, on va tenir notre corps pour responsable, dire qu'il n'est pas à notre goût. On se dit que, si on était plus mince, on ferait telle ou telle chose...

Lorsque je pesais cent quatre-vingt-dix livres, je m'habillais super sexy, je portais du treize ans, j'étais super heureuse et la vie était belle, mais cet état d'euphorie ne dure pas. Dès que tu reprends deux livres, les remords et la culpabilité prennent le dessus, alors tu vis toujours avec la hantise d'engraisser. Tu te tapes sur les doigts et c'est malsain.

Si ton corps est fait pour peser cent soixante livres, par exemple, peu importe les chartes qui existent, tu vas lutter pour descendre à cent vingt-cinq livres, mais pendant combien de temps? Si tu veux garder un poids qui n'est pas le tien, tu vas devoir augmenter l'exercice physique,

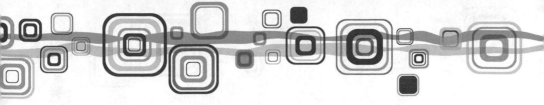

réduire tes portions de nourriture (même de celle qui est bonne pour toi), et, si tu as le « malheur » de boire un petit verre d'alcool de trop, tu vas engraisser dramatiquement. Un corps en manque emmagasine la moindre calorie dès qu'il la voit!

La recette du bonheur serait plutôt de commencer par accepter le poids que tu as. Après, si tu veux maigrir tu le feras, mais ce ne sera plus la même bataille, ce ne sera plus pour les mêmes raisons, il n'y aura plus la même rigidité.

L'idée, c'est de vouloir bien se nourrir, de faire attention, tout en s'acceptant. C'est un projet de vie. L'idée, c'est de faire ce qu'il y a de mieux pour son corps.

L'ACCEPTATION DE SON CORPS

La fille qui dit qu'elle n'est pas heureuse parce qu'elle se trouve trop grosse, c'est la même fille qui, dans quelques années, sera malheureuse parce qu'elle a des rides. Elle trouvera toujours une raison. Si tu ne chemines pas tout de suite vers l'acceptation, ce sera un cercle vicieux sans fin. À la base de l'acceptation, il y a un travail intérieur à faire par rapport à l'estime personnelle. Les filles attribuent tellement d'importance à ce que les autres peuvent penser! Elles se sentiront bien seulement si les autres les trouvent belles. Je ne comprends pas pourquoi on cherche toujours cette approbation des autres.

Soit on décide d'accepter le corps qu'on a tel qu'il est, soit on décide de faire comme tout le monde; mais, dans ce cas, on ne pourra jamais être heureuse à cent pour cent, parce qu'on n'aura pas choisi le rapport qu'on aura à notre corps.

J'aime bien faire le parallèle avec la mode. Si tu suis la mode et que le brun est à la mode, tu iras t'acheter des vêtements bruns même si tu n'aimes pas cette couleur-là.

Il faut savoir quel corps on a et quel corps nous fait bien, au même titre qu'une palette de couleurs.

ALORS, COMMENT FAIRE POUR ÊTRE MOINS INFLUENCÉE PAR LES CRITÈRES SUGGÉRÉS, QUI NE NOUS CONVIENNENT PAS TOUJOURS?

Premièrement, il faut avoir confiance en soi.

Deuxièmement, il faut montrer son corps, sans avoir peur, et laisser de côté «l'attitude de la grosse». Il faut se dire que ce que les autres percevront de nous part d'abord et avant tout de nous. Les filles qui pensent qu'elles «pogneront» davantage quand elles auront maigri se trompent. ÇA PART DE NOUS et c'est ce que la majorité des filles ne comprend pas. Quand j'avais maigri, je ne «pognais» pas plus, même que je «pognais» moins. Et, quand je cachais mon corps, les gens ressentaient mon malaise. Depuis que je me promène sans me cacher, que je suis bien dans mon corps, les gens ont une réaction très positive devant celle que je suis.

Les femmes ne comprennent pas à quel point le fait qu'elles s'aiment fait changer les gens autour d'elles. Combien de fois suis-je sortie avec des gars qui m'ont dit: «Je n'ai jamais aimé les grosses, mais toi, tu n'es pas pareille»? Pour moi, c'était un merveilleux compliment, parce que je ne me sentais pas «catégorisée».

Avant d'être un corps, on est une personne avec un caractère qui lui est propre, avec une âme. Et être gros peut être synonyme d'être beau. Mon chum me dit souvent: «Avant d'être grosse, tu es femme.» Et ça ne signifie pas que, pour lui, l'apparence physique ne compte pas! Parfois, des personnes me disent (avec un certain malaise): «Pour moi, l'apparence compte...» Eh bien, pour moi aussi! Ce n'est pas une question d'apparence, mais une question de goût. Et de confiance. Je le répète: la séduction part de nous. Le charisme n'a rien à voir avec la charte de l'IMC, pas plus qu'avec la couleur des yeux ou des cheveux.

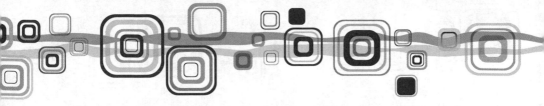

Certains critères physiques continueront d'être plus prisés par les humains partout dans le monde, c'est normal, c'est une question de culture. Mais on ne doit pas se laisser influencer ni abattre par ceux-ci lorsqu'on ne fait pas partie des « élus naturels ».

SA DÉMARCHE ARTISTIQUE

Depuis que je suis toute petite, je suis préoccupée par la question des normes corporelles et esthétiques, et j'ai décidé de me servir des arts visuels pour parler de ma réalité, de ma différence. Je voulais montrer l'obsession de la beauté qui afflige les femmes depuis des siècles. J'ai fait beaucoup de photos au sujet du désir de plaire. J'ai aussi fait une séance de photos de mon corps, car c'était important pour moi de me voir telle que j'étais, sans artifice, et de découvrir mon côté sensuel et sexy.

Une des photos a quelque chose de très cru. Mon ventre n'est pas caché, il est même mis en évidence, car je l'empoigne à deux mains. Oui, j'ai un ventre et je l'expose. C'est comme si on mettait l'accent sur les rides d'un mannequin. Certaines personnes voient ma photo et sont très gênées, mais je trouve que je montre les vraies affaires. Tout ce que les femmes ne veulent pas voir, moi, je le montre et ça ne me fait pas peur. Au contraire, ça me fait du bien.

Être authentique, c'est l'essence même de ma démarche artistique. La femme et l'humain en général ne sont pas parfaits ! C'est quoi, la perfection ? Une idée conçue et véhiculée par notre culture, notre éducation. Pourquoi l'imperfection ne pourrait-elle pas aussi être parfaite ?

Repousser les limites de la beauté purement traditionnelle. Magnifier ce qui, au départ, pourrait être perçu comme une imperfection qu'on doit camoufler. Et en faire justement quelque chose d'attirant.

Chaque femme est unique. Si elle prend conscience de sa part de beauté particulière, elle aura de quoi conquérir le monde.

L'AMOUR ET LES HOMMES

Un des plus grands mythes entretenus au sujet des grosses, c'est que les femmes de taille forte n'ont pas de chum, pas d'amants, pas de vie sexuelle et, si elles ont parfois du sexe, c'est parce que le gars les prend en pitié ou qu'il veut seulement « essayer ça » avec une grosse pour voir comment c'est. Oui, il y a beaucoup de FA (fat admirers, c'est-à-dire des gars qui adorent les femmes rondes), mais la plupart des hommes préfèrent quand même se faire voir au bras d'une femme mince, parce qu'ils sont incapables de se tenir debout et d'affirmer leurs préférences. Certains gars sont jugés sévèrement quand ils s'affichent avec une grosse et les gens pensent : « Comment se fait-il qu'il ne soit pas capable de "pogner" ? » Tout ça parce que son trophée ne correspond pas à celui valorisé dans notre culture...

Mon chum s'est même déjà fait dire par un collègue qui m'avait rencontrée la veille : « En tout cas, tu me déçois beaucoup ! » Et d'autres de souligner, un brin d'incompréhension et d'admiration dans les yeux, qu'il a beaucoup de courage de s'afficher avec moi. Je suis d'accord avec ça. C'est vrai que ça prend du courage pour s'afficher tout en étant différent de la masse. Et, pour certains, c'est là une belle preuve de force de caractère et d'audace. Ces qualités de mon chum sont mises en lumière quand il m'a à son bras. Moi, je dis : « Bravo à celui qui ose ! »

Je rêve qu'un acteur célèbre fasse un jour son coming out et admette qu'il préfère les grosses. Tu imagines Tom Cruise qui arrive à la soirée des Oscars avec sa nouvelle blonde de trois cents livres ? Je suis certaine que ça donnerait le courage à plusieurs autres gars de s'afficher !

Pour obtenir l'autorisation de publier le résumé de notre entretien, je suis entrée en communication avec Anne-Marie, que je n'avais revue qu'une seule fois en quinze ans.

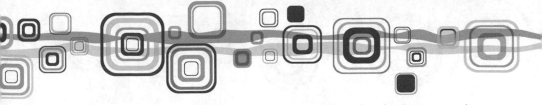

Cela m'a permis de lui dire à quel point elle a fait (et fait encore) une grande différence dans ma vie. Elle a changé ma perception de mon corps et ma façon de le traiter. Nous avons eu des échanges de courriels très émouvants...

La vie place parfois sur notre route des personnes qui en change-ront le cours et il faut être là à cent pour cent quand ça se produit, parce que sinon, on passe à côté.

Je souhaite que la lecture de ce texte vous procure un effet aussi positif que ma rencontre avec Anne-Marie, il y a quelques années. Lorsque j'ai l'impression de ressembler au bonhomme Michelin, je m'empresse de relire les propos d'Anne-Marie et ça me fait le plus grand bien. Je vous recommande de les relire aussi lors de votre prochaine «déprime corporelle»...

Photo: Anne-Marie Chagnon

Le bon

Je possède une valise remplie de lettres d'amour. Les hommes de ma vie m'en ont tous laissé et je les ai conservées précieusement. Je ne les relis jamais, mais je compte bien le faire un jour... Lors de mes trois derniers déménagements, je les ai retrouvées puis tenues dans mes mains, mais je ne disposais pas du contexte idéal pour me replonger dans ces souvenirs. On ne lit pas ce genre d'écrits précieux entre deux boîtes, pressée parce que les déménageurs s'en viennent. J'imagine, pour le moment où je déciderai de les relire, un rituel dans le silence et la solitude. J'allumerai des chandelles et je lirai chaque petit mot doux en prenant mon temps.

À travers les mots de ces hommes importants de ma vie, je constaterai et savourerai tout le chemin parcouru par la femme que j'étais et qui m'a conduite à celle que je suis devenue. Je me découvrirai avec des yeux nouveaux, j'en suis certaine.

J'ai toujours aimé les échanges épistolaires dans une relation amoureuse. J'ai aussi toujours aimé être en relation. Si je vous dis que je n'ai pas été célibataire longtemps dans ma vie, vous penserez peut-être que c'est par peur d'être seule, peur du vide. Ça n'a aucun rapport... Vous savez à quel point j'aime la solitude! Si je n'ai pas été longtemps célibataire, c'est parce que la vie m'a toujours envoyé des hommes exceptionnels au moment où je m'y attendais le moins.

Je n'ai jamais eu à chercher un *chum*. J'ai même parfois eu l'embarras du choix !

Je sais que ce que je m'apprête à dire risque d'irriter les femmes qui cherchent l'âme sœur depuis longtemps, mais je ne comprends pas les déclarations du genre : « Il n'y a pas d'hommes intéressants sur le marché. » Est-ce parce que je ne suis pas quelqu'un de difficile ? Non, pas du tout. Je crois plutôt que c'est parce que je suis ouverte et que j'ai un pacte très clair avec la vie : je veux qu'elle place sur ma route l'homme qui me fera évoluer, au moment où j'en aurai besoin. Si je mets bout à bout les périodes pendant lesquelles j'ai été célibataire, cela totalise environ cinq ans. Pendant cette période, j'ai rencontré des hommes magnifiques avec qui j'ai vécu des moments intenses, des échanges profonds et une réelle « connexion ». Pourquoi moi ? Je ne suis pas la plus belle ni la plus fine, mais j'étais ouverte, disposée et, surtout, je ne me promenais pas avec une liste d'épicerie de critères irréalistes.

Sur ma route, il y en a eu, des hommes... Des chauves, des grands, des petits, des gros, des artistes, des intellos, des cartésiens, des spirituels, des lunatiques, des écolos, des granos, des hommes d'affaires, des aventuriers, des casaniers, des riches, des pauvres...

J'ai eu le privilège d'entrer dans l'univers intime de plusieurs hommes et je les en remercie aujourd'hui, car ils m'ont permis de trouver la femme que j'étais. Chaque dalle qu'ils ont posée sur mon parcours a créé un chemin, et ce chemin m'a conduite jusqu'à Cœur Pur. Comment je fais pour savoir que c'est « le bon » ?

Sachez d'abord que je n'aime pas cette étiquette lorsqu'on parle d'un homme, car, à mes yeux, chaque homme de ma vie a été « le bon », chaque fois. Je dirais donc plutôt : « Le bon... pour le moment ! »

En ce qui concerne Cœur Pur, c'est la première fois que je sens qu'un homme sera le bon longtemps. Très longtemps, même. Il sera probablement mon « dernier bon ».

Ses lettres d'amour qui remplissent à elles seules plusieurs valises me le confirment...

Après neuf ans en couple, mon *chum* a encore de petites attentions pour moi, comme de placer des fleurs entre mes orteils quand je lis.

Fête des Mères-grand

Je me suis levée tard, en ce dimanche de la fête des Mères. Pour moi, ç'a toujours été une journée comme les autres, mais, aujourd'hui, je ne sais pas trop pourquoi, je ressens une émotion. Vous me connaissez, je n'aime pas les célébrations obligées. Quand mes filles étaient petites et qu'elles étaient chacune chez leur père le dimanche de la fête des Mères, ça ne me dérangeait pas du tout.

Alors pourquoi suis-je émue et fébrile, ce matin, après vingt-huit ans d'indifférence? Parce que ma fille sera mère et qu'elle fera de moi une grand-mère. Parce que je trouve la vie tellement spéciale de m'offrir ce cadeau avant mes cinquante ans. Parce que je trouve émouvant d'avoir le même âge que ma mère quand j'ai fait d'elle une grand-mère. Parce que l'arrivée imminente de ce nouvel enfant, c'est la preuve que celle qui a fait de moi une mère, il y a vingt-huit ans, a envie de continuer cette belle courtepointe qu'on a commencé à tisser ensemble. Adèle me fera une grande place pour que j'y apporte mes couleurs, et je participerai, en y ajoutant mes petits bouts de tissu, à la confection de cette œuvre d'art collective qu'est l'éducation d'un enfant. On dit que ça prend tout un village pour élever un enfant et je suis bien d'accord, puisque je le vis concrètement tous les jours. Mes filles, mes sœurs, mes parents et moi habitons dans la même ville (à l'exception de ma sœur aînée, qui demeure à Montréal). Nous formons une communauté qui s'entraide et s'enrichit au quotidien, tout en nous

laissant mutuellement une grande liberté. Une communauté qui a compris très tôt que, chacun seul dans son coin, ça ne fait pas des enfants forts. Une communauté qui prend le temps de piquer son aiguille pour coudre morceau par morceau les éléments de la courtepointe familiale : des pointes d'amour, de solidarité, d'acceptation et d'ouverture. Une communauté qui déroule les fils de couleur pour attacher solidement ensemble les retailles qui formeront la mosaïque finale. Une communauté qui sait qu'une courtepointe n'est jamais tout à fait achevée, que c'est un travail quotidien qui peut prendre le temps d'une vie, de plusieurs vies, même, mais qu'une fois qu'elle est commencée, on ne peut plus arrêter de l'agrandir. C'est ce qu'on appelle être tissé serré.

Je suis née dans cette grande famille, j'ai mis au monde des enfants au sein de cette communauté et, dans moins d'un mois, ma fille y joindra un nouveau membre, le petit Gustave. Quand on parle de lui, on dit « notre bébé ». Spontanément. Nous ne serons pas ceux qui le mettront au monde, mais il y aura beaucoup de chacun de nous dans ce bébé. Le rôle important que nous jouerons dans sa vie n'aura rien à voir avec les traditions imposées. Par exemple, dès le début de la grossesse d'Adèle, je l'ai avisée de ne pas s'attendre à ce que je lui organise un *shower* et de ne pas me compter au nombre des invités si ses amis ou la famille de son père lui en organisent un. Je refuse de contribuer à un événement qui va à l'encontre de mes valeurs. Offrir deux mille dollars de cadeaux à un bébé qui n'est pas encore né et qui n'a pas besoin de la moitié de tout ça me paraît exagéré. Je refuse de participer à ces événements qui sont à l'opposé des valeurs que je souhaite transmettre à mon petit-fils. Je veux lui offrir une communauté tissée serré, du temps, de l'amour, ma présence, ma disponibilité et ça, ça ne se met pas dans une boîte. J'ai fait le même cadeau à mes filles en leur donnant un contexte de vie harmonieux, le sentiment d'avoir de la valeur, une fierté de vivre, des outils pour être libres, pour communiquer, pour ressentir, pour

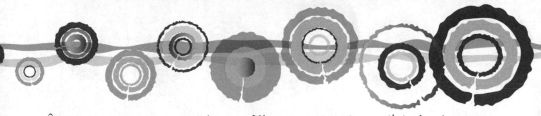

ÊTRE. Et, lorsque je regarde mes filles vivre, je sais que j'ai réussi ma courtepointe.

J'ai reçu ce matin des textos de leurs pères. Jacques m'a souhaité bonne fête des Mères et Mario m'a écrit: «Madeleine n'aurait pas pu avoir une meilleure mère.» En ce beau dimanche, une bouffée de fierté me parcourt le corps, ce même corps qui a porté et donné la vie. Ma fierté vient d'avoir réussi à inspirer à une autre femme, ma fille, la volonté de continuer de tisser cette courtepointe commune avec la fibre de l'existence. Une courtepointe qui est le symbole de la vie elle-même, la vie qui passe, la vie qui commence, la vie qui se tisse, fille après fille, fils après fils, pour former une magnifique famille, colorée, unique et enveloppante.

Pour terminer, je tenais à vous faire lire la carte que m'a donnée Adèle en ce jour de fête des Mères.

Ma belle Mamou! L'année prochaine, ce sera ta première vraie fête des Mères-grand. Merci de m'avoir mise au monde, de m'avoir donné de l'amour, du temps, de l'énergie pour me permettre de devenir celle que je suis. Merci d'avoir choisi d'être mère, d'être ma mère, d'être cette mère-là. J'entre dans cette nouvelle aventure, celle de la maternité, le cœur léger, l'esprit confiant; mon être prêt, parce que j'ai eu un modèle merveilleux, inspirant. Un modèle de vérité, d'authenticité, d'amour pur, d'ouverture, d'apprentissage et de bien-être. Je me sens réellement choyée d'être si bien outillée, et ce, parce que tu as pris ton rôle tellement à cœur, que tu y as mis toute ton âme. Je me sens aussi choyée d'être tellement soutenue. Merci pour ta présence, ton acceptation, ton enthousiasme, ta générosité et ton amour sans bornes qui m'épatent et m'inspirent chaque jour. Tu es mon modèle, tu es ma source d'inspiration et j'espère que je saurai transmettre à mon fils ce

que tu m'as transmis et qu'il sera aussi fier d'être mon enfant que je le suis d'être ta fille.

Je t'aime,

Adèle

Quand viendra le temps...

Anne-Marie, ma chère amie. Ce soir, je suis seule chez moi, car mon *chum* est au chalet avec les enfants. J'aime tellement ça, être seule dans ma maison pour profiter de mon piano, du silence, de mon environnement. Je veux goûter chaque minute, alors je prends un thé à vingt-trois heures pour être certaine de ne pas m'endormir tôt.

J'écris, je chante, je tripe et je savoure ma solitude. En ce moment, j'écoute la sublime chanson *Un peu plus haut, un peu plus loin* chantée par Jean-Pierre Ferland, Ginette Reno et Céline Dion. Je suis rouge, j'ai chaud et je pleure. (Et non, ce n'est pas une bouffée de chaleur!) Je n'ose pas ouvrir les fenêtres pour faire entrer un peu d'air, parce qu'il est tard et que ça pourrait déranger les voisins.

Je pleure, ma tendre amie, car je pense à toi qui vas bientôt t'en aller, un peu plus haut, justement. Toi qui montes très haut, depuis que tu as appris que tu allais mourir, afin d'être rendue tout près du ciel quand viendra le temps de ton envol ultime dans l'immensité. Là-haut, tu pourras admirer le plus beau des spectacles...

Je t'accompagne dans ce passage avec joie et tristesse à la fois. Joie, parce que je sais que tu es en paix et que tu as hâte d'aller danser dans l'Univers. Je le sais, tu me l'as dit. Tristesse, aussi, parce que c'est comme ça. J'essaie de ne pas avoir de peine, mais c'est impossible pour moi. Je la vis pleinement, cette peine, accompagnée de cette édifiante chanson. Je sens monter en moi une grande paix

intérieure, paix de mon esprit et de mon âme. Ça prendra peut-être encore une heure, mais peu importe, je ferai jouer la chanson aussi longtemps que durera ma peine.

Les larmes coulent et ça me fait du bien, mais c'est difficile. Je trouve ça triste en « mausus » ce qui t'arrive, mon amie. Mais tu sais quoi ? Je le vis à cent pour cent, sans « capoter », parce que c'est toi et que je sais que tu connais le chemin. Tu te laisses guider pour monter un peu plus haut, un peu plus loin, chaque jour.

En écrivant ce texte, je regarde toutes les photos de mon petit-fils Gustave que je t'ai envoyées dernièrement et je suis incapable de voir les touches de mon ordi tellement les larmes coulent et me brouillent la vue. Elles tombent si lourdement sur les lettres de mon clavier que je ne serais pas étonnée qu'elles écrivent un mot... Le mot « chagrin ». Une vie commence et une autre se termine. J'ai hâte de te présenter ce beau bébé tout neuf, t'as pas idée ! Il m'apaise, il me fait du bien. Parfois, quand j'ai trop de peine de te voir partir, je saute dans ma voiture et je texte à Adèle pour lui dire que je m'en vais faire une commission. Je lui demande si elle a besoin de quoi que ce soit et je croise les doigts pour qu'elle réponde oui. J'ai besoin de prendre une nouvelle vie dans mes bras pour oublier qu'il y en a une, la tienne, qui se termine. Il ne s'en doute pas, mon petit Gustave, mais il m'aide à traverser ce moment, cette « élévation », comme tu dis.

Je te promets de lui montrer des photos de nous deux, quand il sera plus grand et qu'il connaîtra à son tour l'amitié, la vraie. Je lui raconterai notre histoire, notre coup de foudre amical, cette force inexplicable qui nous caractérise. Toi, la belle lionne à la crinière flamboyante et moi, le bélier qui fonce. Un duo explosif et si fort. Je lui parlerai de la chance qu'il a de connaître lui aussi l'amitié, car il n'y a presque rien de plus beau dans la vie. Même l'amour ne m'a pas apporté autant de satisfaction, car il était souvent teinté de peur (peur que l'autre ne veuille plus de moi et que ça se termine).

Avec toi, mon amie, je n'ai jamais eu peur. J'ai toujours su qu'entre nous, c'était à la vie à la mort. Je vais pouvoir le vérifier, car on est malheureusement déjà près de là... Malgré tout, la vie est encore présente, parce qu'on a toujours carburé à son énergie, toi et moi. On l'a aimée à la folie et plus on approche de la ligne d'arrivée, plus on l'aime. Combien d'heures a-t-on passées à se questionner, à réfléchir, à se lire des passages de livres au téléphone, à débarquer chez l'autre pour refaire le monde pendant que les enfants jouaient?... Et toi qui n'arrêtais jamais, avec tes quatre enfants (dont des jumeaux)... Tu as toujours eu ce magnifique sourire, même fatiguée, cernée ou inquiète... Et tes grands yeux, parfois surpris, en colère ou illuminés de bonheur, mais toujours si grand ouverts, si vifs. Ils resteront ouverts pour veiller sur moi, j'en suis sûre.

Ça doit faire au moins dix fois que j'écoute la chanson de Jean-Pierre Ferland. On dirait que Céline, Ginette et lui savent que j'ai de la peine et qu'ils me la chantent plus fort pour me montrer à quel point « C'est beau! C'est beau! Si tu voyais le monde au fond, là-bas. [...] La mer plus petite que soi mais tu ne me vois pas. Un peu plus loin, un peu plus seule [...] viens voir ici comme on est bien [...] peut-être bien qu'un peu plus haut, je trouverai d'autres chemins[14] ».

Oui, il doit y avoir d'autres chemins, là-haut, et tu les trouveras, j'en suis certaine.

J'ai une demande à te faire, mon amie: pourrais-tu accrocher des petits rubans de couleur aux nuages pour que je puisse moi aussi trouver le chemin lorsque je devrai aller un peu plus haut, un peu plus loin? Quand viendra le temps...

---

14.   *Un peu plus haut, un peu plus loin*. Paroles et musique: Jean-Pierre Ferland. *Quatrième coffret – Les chansons oubliées*, GSI Musique, 2008.

Tant d'amour

«J'aime mon public et mon public m'aime»: une phrase célèbre de La Poune exprimant sa reconnaissance envers ce public qui lui était fidèle depuis tant d'années. Cette phrase, je la citerai probablement lorsque j'aurai à monter sur scène pour aller chercher un prix ou recevoir un hommage. Mon discours est déjà tout écrit, car je ne veux pas me retrouver au micro en ayant l'air complètement surprise d'avoir gagné et en disant que je ne m'y étais pas préparée! Au contraire, je vais dire que ça fait vingt-cinq ans que je me prépare, puis je vais enchaîner avec mes remerciements... en pleurant (c'est certain). Je pleure déjà très souvent quand je me retrouve devant les dizaines de femmes qui assistent à mes journées «La vie comme je l'aime». Six heures d'affilée pendant lesquelles je suis debout et je parle; rien de plus facile pour moi! À la fin de chaque journée, lorsque j'aborde le dernier sujet (être sur son X) et que j'explique ce que ça signifie (être à la bonne place, au bon moment, avec les bonnes personnes) devant toutes ces femmes, je SAIS que ma véritable place professionnelle est là, avec elles, à partager mes expériences de vie, à vibrer... Parler de cela devant ces femmes qui m'ont portée jusque sur mon X me fait pleurer, c'est immanquable. Ce ne sont pas des larmes de tristesse, de joie, de désarroi ou de panique. Plutôt des larmes de reconnaissance. Une émotion indescriptible qui me fait dire: «Merci d'être là devant moi, merci de m'aimer, merci de me le

dire, merci d'exister, car, sans vous, celle que je suis ne pourrait pas exister. »

Les paroles de la chanson *Le blues du businessman,* chantée par Claude Dubois, disent ceci : « J'aurais voulu être un artiste, pour pouvoir faire mon numéro [...], pour pouvoir dire pourquoi j'existe . » Mais jamais il ne parle de vouloir être un artiste pour avoir accès à cette banque d'amour infini du public. Je n'ai trouvé aucune chanson où il en était question. Personne ne fait ce métier pour cette raison, mais c'est un « bénéfice marginal » qui procure un immense plaisir et... une étrange sensation.

Il existe peu de métiers où on reçoit autant d'amour et j'ajouterai qu'il existe peu de gens capables de recevoir tout cet amour. (Moi la première.) D'ailleurs, la plupart des stars qui sont adulées sont aux prises avec de grandes dépendances (alcool, drogues, etc.), puisqu'elles sont incapables de recevoir tout cet amour en étant *clean.* Pourquoi ? Parce que ça « fesse » fort.

Si vous saviez à quel point... Plusieurs fois par semaine, je reçois des messages de mes lectrices, qui me remercient pour telle phrase ou tel passage de mes livres qui a changé leur vie, qui leur a permis d'accomplir de grandes choses, qui leur a fait prendre conscience qu'elles n'étaient plus seules. Recevoir tant d'amour et se faire dire « merci d'être qui tu es », c'est immense, non ?

Se faire féliciter, mais pas parce qu'on chante, qu'on danse ou qu'on peint bien, juste pour notre talent, qui est celui de mettre la vie en mots. Recevoir tant d'amour représente aussi une grande responsabilité et c'est difficile. Pas déplaisant, mais difficile. Chaque fois, on a envie de répondre :

– Êtes-vous certaine que vous vous adressez à la bonne personne ?

Puis on regarde autour de nous et on se rend compte qu'il n'y a que nous, debout devant cette femme, à l'épicerie, qui vient de nous remercier pour tout le bien qu'on lui fait.

Toutes ces femmes rencontrées dans les salons du livre ou dans mes conférences qui me le disent avec leurs yeux, avec leur âme... Au fil des ans, j'ai fini par apprendre à recevoir tout cet amour qu'elles me donnent.

On s'aime au grand jour, vous et moi, désormais. C'est clair, c'est beau, c'est unique. On a décidé qu'on se ferait du bien, qu'on ne jouerait pas le jeu de la comparaison, de la jalousie, de l'ego. Je vous ai ouvert mon cœur, mon intimité, j'ai partagé avec vous mes questionnements, mes réponses, et vous avez fait de même. On s'écrit souvent, en privé. Vous me posez des questions, vous me racontez des épisodes de votre vie, vous me dites que personne à part moi n'est au courant de ce que vous venez de me confier. Parfois, je vous demande de m'appeler parce que j'ai besoin de vous entendre de vive voix et j'ai envie que vous entendiez ma voix vous dire : « Je sais que tout va bien aller. » Et, quand, à mon tour, je vais moins bien, je vous jure que j'entends vos voix. Elles composent une si belle musique... Une musique qui me transporte, qui me donne du courage, qui me permet de danser comme je n'ai jamais osé le faire auparavant. Une danse « solitairement collective ». Et chaque pas que je fais, je le fais en entendant les vôtres qui résonnent. En avançant ensemble, nous pouvons toutes aller un peu plus loin. C'est ça, la solidarité. Elle se mesure en vibrations provoquées par nos pas, feutrés et solides à la fois, et sans lesquels nous ne serions pas rendues là. Ensemble, nous sommes magistralement fortes.

Je vous dis souvent que je vous aime et c'est vrai. J'aime vous savoir là, tout près, même si vous habitez à des kilomètres de chez moi. J'aime savoir que vous aussi...

- vous vous couchez parfois avec le cœur gros ;

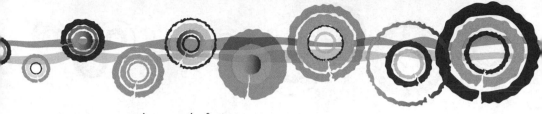

- vous pleurez de fatigue;

- vous aimez vos enfants à la folie;

- vous avez des sœurs sans lesquelles vous ne pourriez pas vivre;

- vous savez que vos parents partiront bientôt et vous en profitez maintenant;

- vous avez peur sans trop savoir pourquoi;

- vous passez des journées sans être capables de rire;

- vous avez une bonne amie qui est en train de mourir;

- vous avez eu une maladie qui vous a transformées;

- vous pleurez de joie devant les splendeurs de la nature;

- vous roulez en voiture pendant des heures quand vous n'arrivez plus à comprendre ce qui se passe.

Avec vous, j'ai le goût d'être une meilleure personne. Être une meilleure personne ne veut pas dire de changer, au contraire! Ça veut dire d'être moi, de plus en plus chaque jour, car c'est ce que vous me demandez, à la manière d'un rappel à la fin d'un spectacle. Au début, je ne vous croyais pas. Je me disais même intérieurement: «Si elles me connaissaient vraiment, elles ne m'aimeraient pas autant...» Mais j'avais tort. Vous me l'avez redemandé souvent, sur tous les tons:

– Marcia, je t'en supplie, sois toi! On veut que tu nous dises comment tu t'y prends, car ç'a l'air vraiment l'*fun*... S'il te plaît, SOIS!

Je n'ai pas eu le choix de vous écouter, car c'était une demande unanime. Alors, dernièrement, j'ai pris un engagement: travailler pour vous à temps plein. Ne plus accepter AUCUN contrat de recherche, de conception, d'animation si cela ne vous impliquait pas. J'ai eu à refuser des offres payantes, mais j'ai tenu mon engagement

et je compte le tenir jusqu'à la fin de mes jours. Tout ce à quoi je passe mon temps, professionnellement parlant, c'est pour vous et par vous que je le fais (télévision, écrits, conférences ou autres). Bientôt, vous pourrez constater ce que je vous ai concocté, avec mon ami Patrice, créateur, homme d'affaires et expert en marketing. Ça fait cinq ans qu'on y travaille à temps partiel! Une énorme plateforme virtuelle où je serai vingt-quatre heures sur vingt-quatre avec vous. Matin, midi, soir ou nuit, vous pourrez prendre le petit bout de moi dont vous avez besoin pour avancer. Patrice me donne souvent des devoirs. Il m'a posé une question dernièrement :

— Marcia, qu'est-ce que tu veux offrir exactement aux femmes?

J'ai répondu spontanément :

— Un lieu virtuel, une maison où elles seront les bienvenues!

— Mets-moi ça par écrit! m'a-t-il demandé.

Voici ce que ç'a donné.

Ça fait cinq ans que je nous construis une grande maison. Un lieu où nous allons pouvoir nous rencontrer autant de fois que nous en aurons envie. Un lieu d'échanges, de rires et, surtout, de partage. Nous serons à un clic les unes des autres. Nous nous soutiendrons dans nos joies, nos peines, nos défis et nos épreuves. Nous saurons qu'ensemble, tout est possible, même si la vie est parfois tellement difficile et imprévisible. Nous formerons une belle gang d'amies courageuses, ricaneuses, heureuses, qui ont envie de partager qui elles sont, ce qu'elles deviennent. J'ai pris une décision le mois dernier: me consacrer entièrement à notre amitié. L'alimenter, la faire grandir, l'honorer.

Je m'occupe du lieu, vous vous occupez de... l'occuper!

Patrice et moi avons eu plus d'une cinquantaine de réunions et de dîners avec une équipe formidable pour cogiter, pour mettre en branle le projet. Je leur disais ce que j'imaginais pour nous, ils m'expliquaient comment on allait y arriver. Au début,

quand j'entrais dans son bureau, je pensais : «Tu te prends pour qui, Marcia? Tu n'arriveras jamais à voir le résultat de tes idées de grandeur! Tu rêves en couleurs!» C'est alors que je me suis souvenue de cette phrase : IL FAUT LE CROIRE POUR LE VOIR.

J'y ai tellement cru que, très bientôt, vous verrez ce projet se concrétiser. Je vous ouvrirai grand les portes de ma maison virtuelle. J'ai si hâte qu'on habite toutes ensemble et de pendre la crémaillère avec vous! Mes boîtes sont prêtes...

Nous sommes colocs dans un appartement depuis des années, mais nous l'aurons, notre maison. Et il y aura tant d'amour, sous notre toit, vous n'imaginez même pas!

Dans les coulisses du livre

Je me fais toujours un petit lancement maison, lorsque mes livres paraissent. Lancement du tome 6 - octobre 2014.

La traditionnelle signature de contrat, avec Sandy Pellerin, vice-présidente de la maison d'édition.

Séance de travail.

Dans les bureaux de la maison d'édition, j'essaie des positions pour trouver le concept de la couverture.

Séance photo pour la couverture ; Marie-France Lamontagne (maquilleuse), Martine Doucet (photographe) et Chloé Poitras (éditrice).

Marie-France, la maquilleuse aux mille talents.

Photo d'auteure pour la quatrième de couverture.

Martine Doucet à l'œuvre.

* Merci à ma soeur Brigitte de nous avoir prêté sa maison... et son divan !

Séance photo pour la couverture, derrière le décor.

Le jour de mon lancement maison, Adèle a annoncé à mes parents qu'elle était enceinte.

Adèle, Lucie et Gustave; Gustave et moi.

À la mémoire de...

Je veux dédier ce livre à toutes les femmes qui ne vivent plus sur cette terre et que j'ai connues de près ou de loin. Toutes ces femmes qui ont eu à quitter la vie qu'elles aimaient tant. Toutes ces femmes avec qui j'ai partagé un repas, avec qui j'ai travaillé, discuté, échangé et qui n'ont maintenant plus le bonheur de vivre. Je ne sais pas où vous êtes, on se recroisera probablement un jour sur un autre plan, mais en attendant, je veux que vous sachiez qu'à chaque instant je savoure la vie pour vous toutes qui ne pouvez plus le faire.

- Arrière-grand-mère Élisabeth
- Grand-maman Blanche
- Grand-maman Madeleine
- Tante Marie
- Lorraine St-Cyr
- Violette Le Bon
- Suzanne Chénier
- Gemma Tellier
- Gisèle Simard
- Marthe Simard
- Françoise Laforest

- Anne-Marie Lemay
- Madame Yvette
- Estelle Paradis
- Marie-Claire
- Lise Bélanger
- Marie-Soleil Tougas
- Ariane Leclerc
- Marie-Claude Dionne
- Hélène Chabot
- Carole Parent
- Nicole Saïa
- Lise Lehoux
- Nathalie Trudel
- Carole Millette
- Lise Dubé
- Evelyn Dumas
- Berthe Trépanier
- Doris Laplante
- Mariette Hébert
- Fernande Hébert
- Carmen Beauregard
- Alice St-Cyr
- Francine Brouillard
- Gilberte Arcand
- Mireille Pelletier

- Élodie Pelletier
- Louise Boivert
- Marie Vanasse
- Valérie Letarte
- Hélène Pedneault
- Rosida Simard
- Lhasa de Sela
- Yolande Hébert
- Michelle Deslandes
- Maude Bélair
- Martine Paul-Hus
- Céline Beaudet
- Pauline Lapointe
- Elsa Lessonini
- Murielle Roy
- Norma Legault
- Diane Laroque
- Yvonne Corbeil
- Germaine St-Germain
- Pier Béland
- Aline Jalbert
- Annette Belzile
- Lucille Fortin-Chevrette
- Solange Laurin
- Florence Turenne

- Audrey Côté-Laroche
- Thérèse Ruiz
- Monique Charbonneau
- Pascale Demers
- Suzanne Lapointe
- Judith Handfield
- Danielle Landry
- Hélène Monette
- Dolorès Martel

De la même auteure –
déjà parus

De la même auteure – déjà parus

Un de mes plus grands plaisirs avec le livre

La vie comme je l'aime

est de lire les courriels que vous prenez le temps de m'écrire.

J'en reçois plusieurs et j'y réponds personnellement.

Si vous avez envie de partager avec moi vos coups de cœur, de me donner votre avis sur certains sujets traités, d'ajouter votre grain de sel, de discuter ou d'échanger, vous pouvez le faire par le biais de mon site Internet :

www.marciapilote.com

ou sur ma page Facebook.

Ce serait pour moi le plus beau des cadeaux...

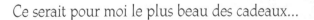